中公新書 2690

小泉武夫著

北海道を味わう

四季折々の「食の王国」

中央公論新社刊

プロローグ

北海道は周囲を海に囲まれた巨大な島である。東には太平洋、西に日本海、南は津軽《つがる》海峡、北は宗谷《そうや》海峡を挟んでサハリンと相対《あいたい》している。面積は八万三四二四平方キロメートルもあり、これは東北六県に新潟県を加えたものより広い。人口は五三八万人で、これは北欧のフィンランドの五五一万人とほぼ同じで、北欧の一国に匹敵するほどの規模を持っている。

その北海道はあまりにも大きいので、便宜的な地理区分として道南、道央、道北、道東の四つの地域に大別されている。しかしこの区分は、北海道を東西南北を面積で均等割りしたというものではなく、北海道開拓使の歴史や各地域発展の変遷と大きな関連を持つものである。道南は函館《はこだて》、森《もり》、松前《まつまえ》、江差《えさし》などの市町を含む渡島《おしま》半島を中心とする地域である。歴史的には松前藩時代から開け、古くから本州各港との交流が深く、北前船《きたまえぶね》の就航終点としても知られている。そのため従来の日本文化や民俗習俗を色濃く継承した地域である。また函館（箱館）も日米修好通商条約（一八五八年）にもとづく開港場のひとつであり、新しい文化を早くから取り入れていた開けた町であった。

この道南地域の気温は北海道の中では比較的温和で、年間平均気温は摂氏七〜一〇度、積雪もそれほど多くない。農業は主として畑作で、多種の野菜類のほかジャガイモ、トウモロコシ、麦などが主要であり、米もつくられている。海からの幸は極めて豊かで、魚介の宝庫といわれる津軽海峡と内浦湾《うちうらわん》（噴火湾《ふんかわん》）からはイカやマグロ、ヒラメ、マダラ、カレイ類、ブリ、イワシ、カジカ、アイナメ、ソイ、ハタハタ、ガヤなどが獲《と》れ、まさに豊饒《ほうじょう》の海である。

道央地域は札幌《さっぽろ》、小樽《おたる》、石狩《いしかり》など日本海側に位置する道央北部と、室蘭《むろらん》、苫小牧《とまこまい》、日高《ひだか》地方など太平洋側に面する道央南部に分けられている。日本海側の北部は積雪が多く、太平洋側の南部は極めて少ない。年間平均気温は札幌で九・二度、室蘭で八・九度と、道南に次いで暖かい。食べものについては、北部は石狩を中心に水田が多く、全道の水田面積の半分はこの地方が占めている。また、大都市札幌への供給地として畑作も盛んで、ジャガイモ、トウモロコシ、キャベツ、ニンジン、タマネギ、トマト、カボチャ、アスパラガスなどが多く生産され、余市《よいち》付近ではサクランボやブドウ、リンゴなどの果樹園芸も盛んである。

水産では、水揚げ高が多い室蘭を中心に、南部ではスケトウダラ、マダラ、カレイ類、ヒラメ、毛ガニ、イカ、ホタテ、クロソイ、ミズダコ、ブリ、ハタハタなどが一年中水揚げされている。また北部では石狩湾の魚の象徴である群来《くき》の名で知られるニシンを筆頭に、アキサケやトキシラズ、シロザケ（ケイジと呼ぶこともある）や、スナガレイ、マガレイ、イシモチガレイ、マナガレイ、アイナメ、コマイ、ホッケ、クロソイ、ヤリイカ、サクラマス、ヒラメ、シャコ、サバ、イワシ、アジ、タコ、ナマコ、ホタテなどが水揚げされている。

道北地域は旭川《あさひかわ》、名寄《なよろ》、留萌《るもい》、稚内《わっかない》などの市を含む北部地方で、積雪も多く冬の気温は極めて低く、旭川の年間平均気温は七・二度である。ところが夏は三〇度を超す真夏日が続き、気候型はいわゆる大陸性気候に分類される。日本有数の流域面積を誇る石狩川の洪積地《こうせきち》には広大な水田が開け、上川《かみかわ》地方を中心に稲作が盛んで、北海道有数の米の産地となっている。トウモロコシやジャガイモ、ネギ、ピーマン、ダイコン、トマト、チンゲン菜、春菊、アスパラガスなどの野菜も多く収穫される。魚介は留萌や天塩《てしお》、稚内などの日本海側でサケ、マダラ、スケトウダラ、オヒョウ、ニシン、ホタテガイ、ホッケ、タコ、カレイ類、ナマコ、昆布などである。

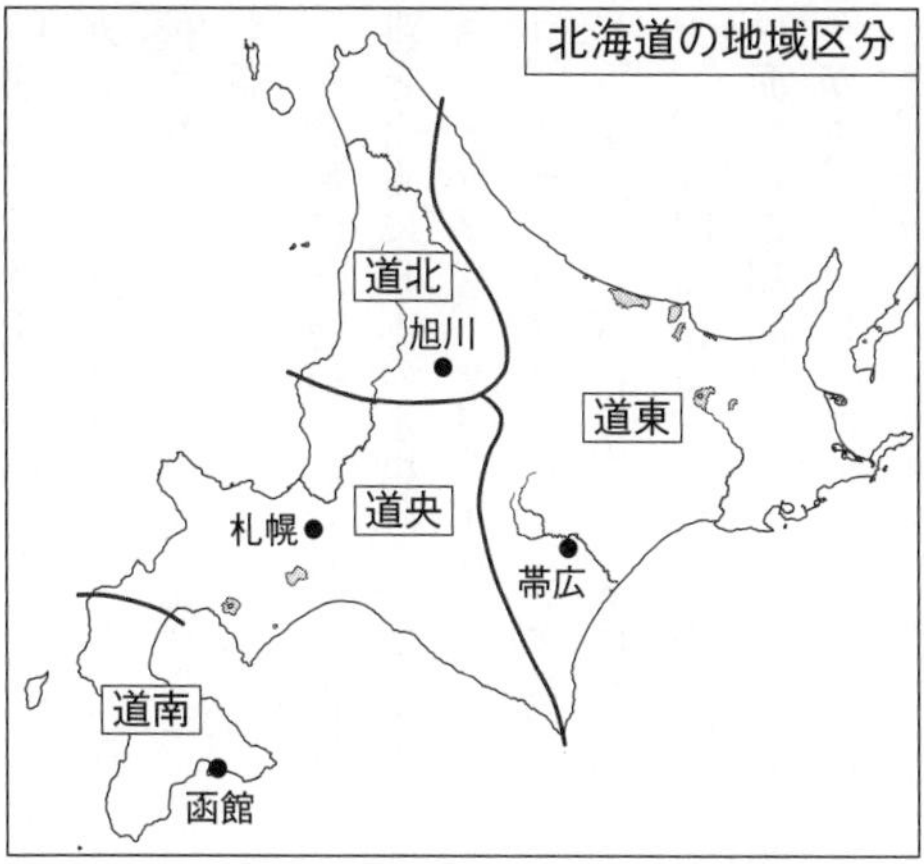

道東地域は北海道で一番大きな面積を誇り、帯《おび》広《ひろ》を中心とする十勝《とかち》地方、釧路《くしろ》や根室《ねむろ》を中心とする根釧《こんせん》地方、さらに北見《きたみ》、網走《あばしり》、紋別《もんべつ》を中心とする網走地方に分けられている。十勝は帯広を中心に明治時代に開けた農業地帯で、積雪量は少な

いけれど気温はかなり低く、帯広の平均年間気温は七・二度ぐらいである。畑作中心でジャガイモ、トウモロコシ、小麦、豆類、ビート（甜菜《てんさい》、砂糖大根）、えんばく（燕麦）などが収穫される。古くから酪農が盛んで、農家の大半が乳牛を飼っている。また最近は肉牛の生産も盛んになってきた。

魚介類は北海道でも有数の水揚げ量を誇っている。釧路港は千葉県銚子《ちょうし》港、静岡県焼津《やいづ》港とともに日本の水揚げ量の三大漁港である。主に揚がってくるのがサンマ、サケ、マダラ、スケトウダラ、サバ、イワシ、シシャモ、ホッケ、ヤナギガレイ、ハッカク、ホッキ貝、タコ、イカ、ツブ貝、サクラマス、マツカワ、ババガレイ、昆布類、クジラ、キチジ（キンキ）、クロハモ、毛ガニ、などである。また、厚岸《あっけし》のカキや根室のハナサキガニ、雄武《おうむ》の毛ガニ、羅臼《らうす》の昆布、根室や別海町《べっかいちょう》の北海シマエビなどの名産もある。網走港ではオホーツク海からの超高級魚であるキチジの「釣《つり》きんき」が有名なほか、毛ガニ、タラバガニ、ズワイガニ、ホッケ、スケトウダラ、ホタテ、北海シマエビ、カラフトマス、サケ、スルメイカ、カキ、ホッケ、ワカサギ、シジミなどが水揚げされている。

私はこれら北海道の海からの幸と、大地からの恵みものを三〇年近く食べ歩いてきた。東京に住んでいる人がなぜ？　と思う人もあるので、ここではまず北海道と私との関係から述べることにしよう。

三〇年ほど前の平成三年（一九九一）、私は北海道庁農政部から委嘱《いしょく》を受けて北海道農政部アドバイザーに就任した。北海道の農産物に付加価値をつけ、農家の収入を高めていこうというのが目的で、その指導をしてほしい、というものであった。たとえば麦から麦酢をつくって全国に売っていこうとか、北海道産牛乳を使って外国ものに負けないチーズをつくり、観光客の土産《みやげ》に育てようといったことである。そこで私は、あの広い北海道の道南、道央、道北、道東を道庁の職員とともに回り、農家や水産加工場などを指導して歩いた。その間、「小泉博士の北うまっ！プロジェクト——小泉武夫&北海道」（北海道農政部食の安全推進局食品政策課）を展開、大きな成果を上げることができ、生産者（1次産業）が加工（2次産業）と流通・販売（3次産業）も行う6次化農業の原点ともなった。その功績に対し、平成八年に高橋《たかはし》はるみ北海道知事（当時）より「北海道名誉フードアドバイザー」の称号を授与され

北海道
小泉博士の北うまっ!プロジェクト
小泉武夫&北海道
道産品が「おいしさ」と
「こだわり」をプラスして
「北うまっ!」になりました!!
小泉武夫博士

「北うまっ！プロジェクト」のパンフレット。北海道農政部と筆者が、道産品の付加価値向上の推進事業として取り組んできたプロジェクトである。このため筆者は15年もの間、北海道の隅々まで足を運び、食の体験もしてきた。

た。北海道史上二人目のことだという。

　それからもこのプロジェクトは続き、私は東京の大学で春休みや夏休み、冬休みといった比較的連続して時間の取れる日程を選んで、年に数回北海道へのアドバイザーをしていた。そして行く先々でさまざまな食べものとも出合ったのである。

　一五年間続いたそのプロジェクトも平成十八年（二〇〇六）に終わり、そして私は平成二十三年（二〇一一）に定年退職のため大学教授を辞した。大学を去ってからも、一五年間も食を体験してきた北海道の魅力は忘れられずにいたが、たまたま大学教授時代に発酵技術の指導をしていた北海道の企業から研究の場を提供される幸運に恵まれた。

石狩市親船にある佐藤水産の魚醤蔵。この蔵の中に筆者が「石狩研究室」と呼ぶ部屋がある。蔵の前を大河石狩川が滔々と流れている。

　その企業というのは、北海道でも有数の規模を誇る佐藤《さとう》水産で、天然のサケ（鮭）を中心に販売、加工する会社である。本社は札幌市にあるが、加工所や研究所は石狩市にある。札幌中心地から車で三〇分ほどの距離である。

　私はその会社の研究施設で、サケを原料としてそれを発酵させ、天然調味料の「鮭醤《さけしょう》油《ゆ》」をつくる研究を行うことになった。そこは日本海を抱く石狩湾まで三キロメートル、大河石狩川までは歩いて二分という、極めて自然環境と景観に恵まれた、私にとっては理想郷のようなところであった。幸いにしておいしい魚醤《ぎょしょう》づくりは成功し、魚醤工場も建設して工業規模での生産が始まった。得られた魚醤はこの水産会社の加工品の味付けや、石狩ラーメンのスープに使われたり、小瓶に詰められて土産用や家庭用に販売されたりしていて、人気商品となっている。

そんな経緯から私は札幌でも住むことを決意し、平成二十一年（二〇〇九）に市内のマンションを購入した。そこは広大な北海道大学農学部にほど近く、馬術部の練習用馬場は散歩コースである。こうして東京と札幌を行き来する第二の人生が始まった。私は札幌へ行くと、石狩の研究室に行って商品開発の研究を楽しんだ。私の場合、何事も楽しんでやるのが流儀なので、とても気楽に発想ができ、毎日が爽《さわ》やかなのである。そして研究の合間、合間に余暇をつくると、三日間あるいは五日間をかけて北海道中を車で走り回り、食の現場を見たりおいしいものを食べ歩いたりしていた。

そして元号も変わって令和となった。振り返ってみると、北海道庁のアドバイザーに就任してから実に三〇年もの間、私は北海道の食に携わり、そして至るところを食べめぐる行路も辿《たど》ってきた。石狩の研究室での楽しい研究はいまだに続いているが、これまで三〇年間にわたって体験してきた北海道の海の幸、山の幸の恵みのおいしさは、我が心に深く残る見えない財産のようなものである。そこには美味あり、妙味あり、快味あり、滋味ありで、感激感動の連続であった。まさに美味は北海道にありのひと言に尽きる思いであった。

とにかく海に囲まれた広大な北海道は、食材の王国である。豊饒の海と豊穣《ほうじょう》の大地、そして銀鱗煌《ぎんりんきら》めく清流と湖。そこからは一年中、季節に合わせたように旬の食べものと料理が食卓にやってくる。四季それぞれに異なる食材や料理がこれだけはっきりと区別できるのは北海道しかないと思った。幸いに私は、長い間それらの食べものや料理と出合って、そのおいしさや調理の巧みさなどを備忘録や手帳、ノートなどに書き残しておいたので、それを下敷きに北の大地の食随想を四季別に綴《つづ》ることにする。

目次

Ⅳ　冬の味覚

Ⅴ　通年の味覚

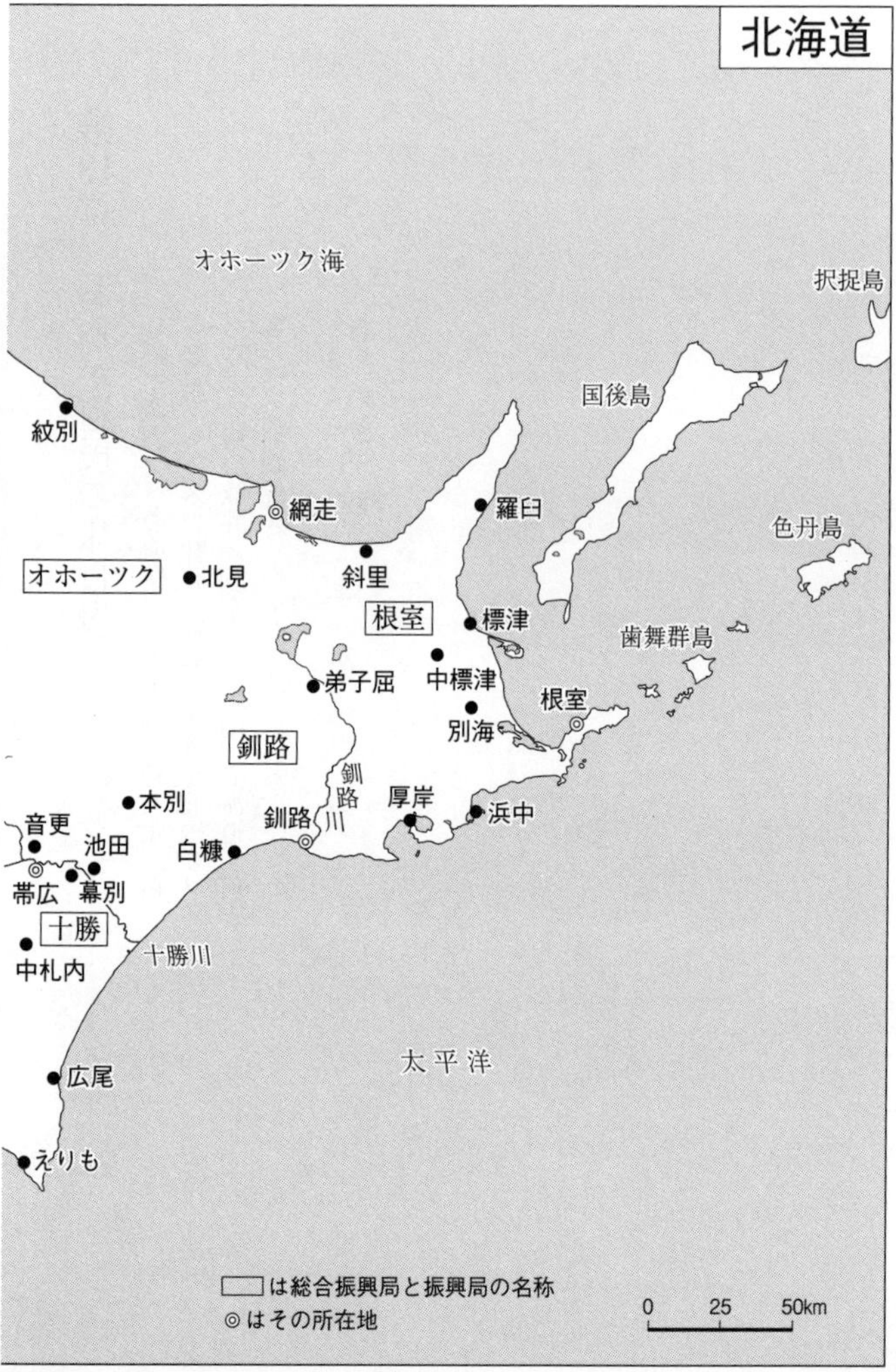
北海道
オホーツク海
択捉島
国後島
紋別
網走
羅臼
色丹島
オホーツク
北見
斜里
根室
標津
歯舞群島
中標津
弟子屈
根室
別海
釧路
釧路川
厚岸
本別
浜中
音更
釧路
池田
白糠
帯広
幕別
十勝
十勝川
中札内
太平洋
広尾
えりも
は総合振興局と振興局の名称
◎はその所在地
0
25
50km

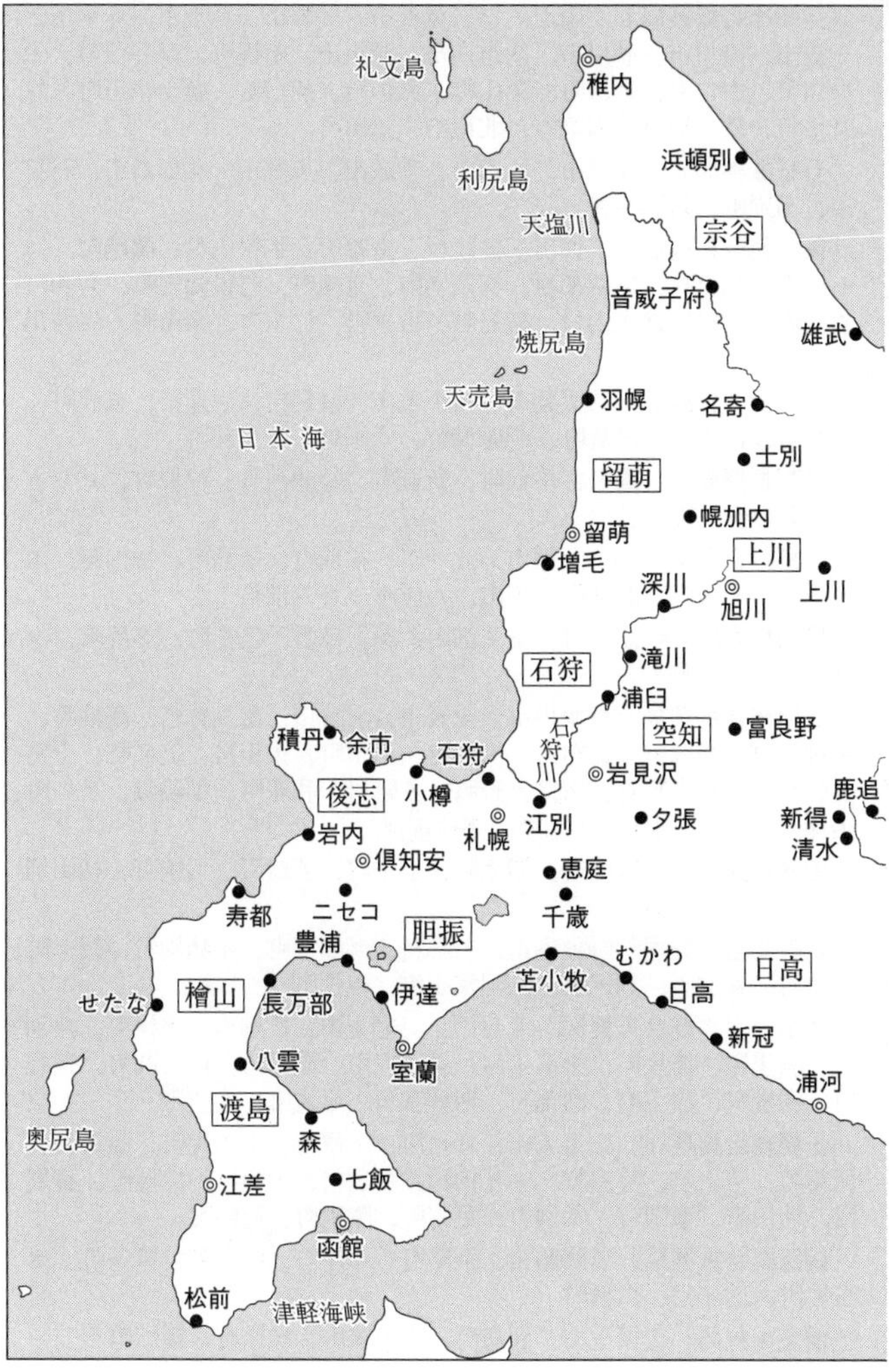

礼文島
稚内
利尻島
浜頓別
天塩川
宗谷
音威子府
雄武
焼尻島
天売島
羽幌
名寄
日本海
士別
留萌
幌加内
留萌
上川
増毛
深川
旭川
上川
滝川
石狩
浦臼
石狩川
積丹
余市
石狩
空知
富良野
岩見沢
後志
小樽
江別
鹿追
新得
夕張
札幌
岩内
清水
倶知安
恵庭
寿都
ニセコ
千歳
豊浦
胆振
むかわ
日高
苫小牧
せたな
檜山
長万部
伊達
日高
新冠
八雲
室蘭
浦河
渡島
奥尻島
森
江差
七飯
函館
松前
津軽海峡

［**空知総合振興局**］夕張市、◎岩見沢市、美唄市、芦別市、赤平市、三笠市、滝川市、砂川市、歌志内市、深川市、南幌町、奈井江町、上砂川町、由仁町、長沼町、栗山町、月形町、浦臼町、新十津川町、妹背牛町、秩父別町、雨竜町、北竜町、沼田町

［**石狩振興局**］◎札幌市、江別市、千歳市、恵庭市、北広島市、石狩市、当別町、新篠津村

［**後志総合振興局**］小樽市、島牧村、寿都町、黒松内町、蘭越町、ニセコ町、真狩村、留寿都村、喜茂別町、京極町、◎倶知安町、共和町、岩内町、泊村、神恵内村、積丹町、古平町、仁木町、余市町、赤井川村

［**胆振総合振興局**］◎室蘭市、苫小牧市、登別市、伊達市、豊浦町、壮瞥町、白老町、厚真町、洞爺湖町、安平町、むかわ町

［**日高振興局**］日高町、平取町、新冠町、◎浦河町、様似町、えりも町、新ひだか町

［**渡島総合振興局**］◎函館市、北斗市、松前町、福島町、知内町、木古内町、七飯町、鹿部町、森町、八雲町、長万部町

［**檜山振興局**］◎江差町、上ノ国町、厚沢部町、乙部町、奥尻町、今金町、せたな町

［**上川総合振興局**］◎旭川市、士別市、名寄市、富良野市、鷹栖町、東神楽町、当麻町、比布町、愛別町、上川町、東川町、美瑛町、上富良野町、中富良野町、南富良野町、占冠村、和寒町、剣淵町、下川町、美深町、音威子府村、中川町、幌加内町

［**留萌振興局**］◎留萌市、増毛町、小平町、苫前町、羽幌町、初山別村、遠別町、天塩町

［**宗谷総合振興局**］◎稚内市、猿払村、浜頓別町、中頓別町、枝幸町、豊富町、礼文町、利尻町、利尻富士町、幌延町

［**オホーツク総合振興局**］北見市、◎網走市、紋別市、美幌町、津別町、斜里町、清里町、小清水町、訓子府町、置戸町、佐呂間町、遠軽町、湧別町、滝上町、興部町、西興部村、雄武町、大空町

［**十勝総合振興局**］◎帯広市、音更町、士幌町、上士幌町、鹿追町、新得町、清水町、芽室町、中札内村、更別村、大樹町、広尾町、幕別町、池田町、豊頃町、本別町、足寄町、陸別町、浦幌町

［**釧路総合振興局**］◎釧路市、釧路町、厚岸町、浜中町、標茶町、弟子屈町、鶴居村、白糠町

［**根室振興局**］◎根室市、別海町、中標津町、標津町、羅臼町

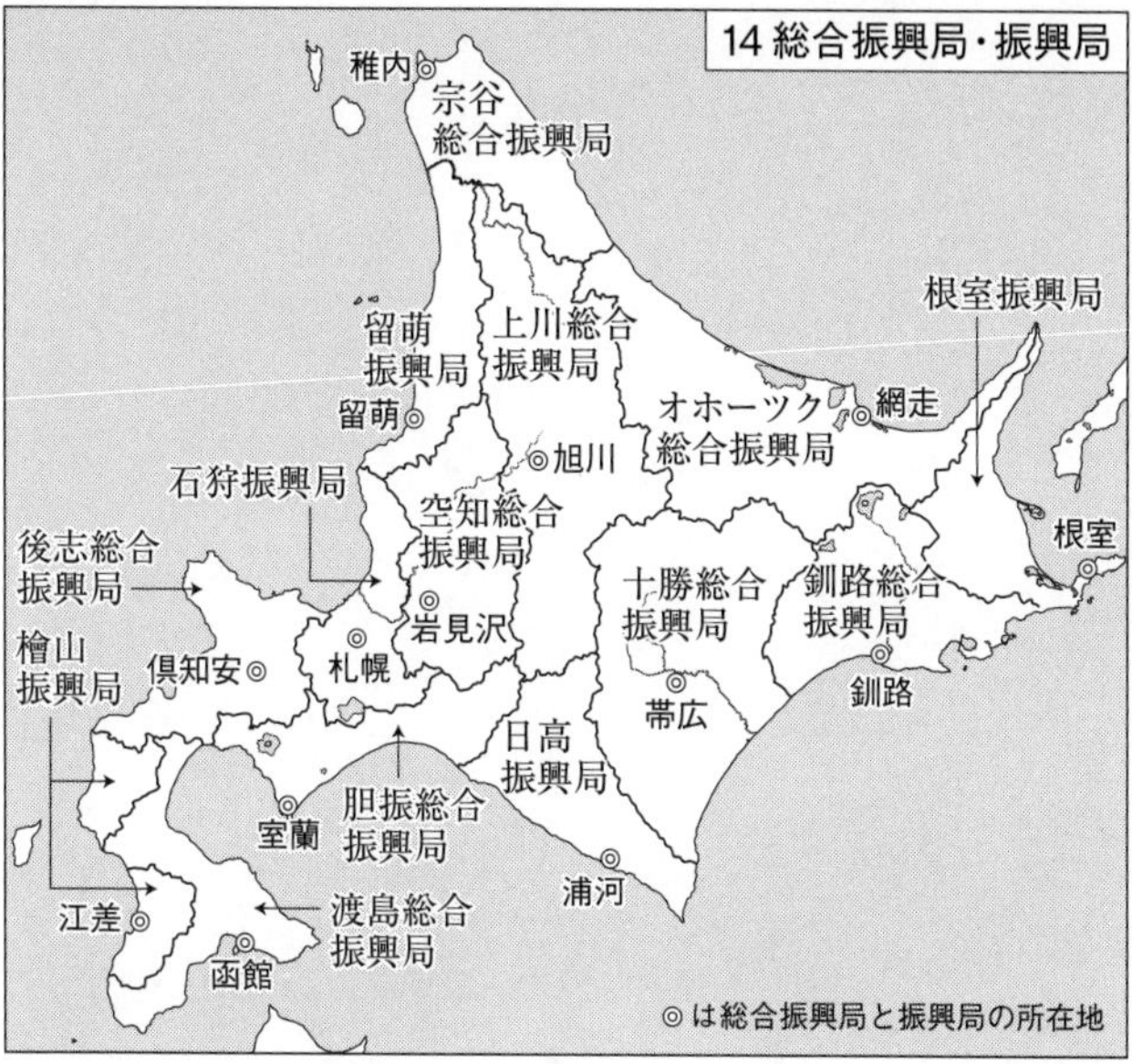

総合振興局と振興局は、北海道庁の出先機関として道内の各地域に置かれている。2010年4月、それまでの支庁を改称・改組して設置された。所管区域は旧支庁のものを継承している。

空知支庁 → 空知総合振興局
石狩支庁 → 石狩振興局
後志支庁 → 後志総合振興局
胆振支庁 → 胆振総合振興局
日高支庁 → 日高振興局
渡島支庁 → 渡島総合振興局
檜山支庁 → 檜山振興局
上川支庁 → 上川総合振興局
留萌支庁 → 留萌振興局
宗谷支庁 → 宗谷総合振興局
網走支庁 → オホーツク総合振興局
十勝支庁 → 十勝総合振興局
釧路支庁 → 釧路総合振興局
根室支庁 → 根室振興局

地図作成　ケー・アイ・プランニング

Ⅰ　春の味覚

第1章　海が魚を背負《しょ》ってくる

群来とニシン

北海道の春の味覚はまず海からやってくる。毎年二〜三月の日本海沿岸に奇妙な現象が現われる。海の表面が広く乳白色に染まる現象だ。これを「群来《くき》」と呼んで春到来の兆しとするのである。これは産卵期のニシン（鰊）が大群で押し寄せ、オスのニシンが放った精液のため、本来碧《あお》い海が乳白色あるいはミルク色に変わるのである。メスは沿岸部の浅瀬に生えているスガモ、フシスジモク、スギモクなどの海藻《かいそう》に卵を産み付けるため、そこに放精するのである。

私の研究室は石狩《いしかり》市親船《おやふね》というところにあり、日本海に面する石狩湾までたったの三キロなので、北は留萌《るもい》沖あるいは浜益《はまます》沖、南は小樽《おたる》沖や銭函《ぜにばこ》沖に「群来到来」の情報が入ると、急いで研究室を飛び出して石狩浜の丘の上に行く。すると左手の小樽や張碓《はりうす》、銭函から右手の厚田《あつた》や浜益への沖合にかけて海上が白く濁って、長い帯状に広がっているのが見える。その群来の白い濁りは、初め沖合四キロほどの海上にあったが、そのうちに遠浅の沿岸部まで押し寄せ、ついには私の足元下の砂浜にまで及んでくるのである。毎年これを見ていると、生きものの生命力の凄《すさ》まじさと神秘さを思わずにはいられない。このようにニシンは、春一番にやってくる魚なので「春告魚《はるつげうお》」と書くことも多く、この三字をそのままニシンと読む場合もある。

ニシンは漢字では「鰊《レン》」と書くが、これは「小さい魚」の意から来ており、また「鯡《ヒ》」とも書くが、これは「卵をいっぱい持った魚」から来ている(『学研漢和大字典』)。「鯡」の場合の俗説に、ニシンは大群で押し寄せてきて蔵が建つほど獲れ、米と同じようなものだから、あれは「魚に非《あら》ず」で「鯡」になったという面白いものもある。

私はこの魚がことのほか大好物であるが、その理由は、塩焼きにしてもおいしいし、干して身欠《みがき》ニシンにしてもさらに美味であるし、糠漬《ぬかづ》けや飯鮓《いずし》のように発酵してから食べるともっとおいしい上に、嬉《うれ》しいことに何と言っても安い魚であるからだ。東京のデパートの魚売り場に行くと、走り(初物)のニシンは一本一〇〇〇円もすることがあるが、石狩湾内のニシン水揚げ埠頭脇《ふとうわき》にあるニシン売り小屋あたりでは、巨大ニシンが三本盛られて一〇〇〇円なんていう信じられない値で分けてくれる。ここ三年ばかり、石狩港には大量のニシンが水揚げされ活気であふれていて、ついつい私も嬉しくなって、小屋から買ってきて、まずは刺身と塩焼きでいただいている。

獲りたてのニシンなので、それはそれは新鮮そのもの。まさに銀鱗《ぎんりん》の表現そのままの鱗《うろこ》に包まれていて、淡いコバルトブルーが差し込んでいる。眩《まぶ》しいほどの光沢を放ち、身全体はピンと張って弛《たる》みなどなく、目は晴れ晴れと澄んでいて、クリクリとしている。腹部あたりを人差し指でちょいと押してみると、小さくムッチリと弾んでくる。

そのニシンを三枚におろし、まず刺身で食べた。その身は、淡い桃色に脂肪の白が差して白に近いピンク色を帯び、天然美色の妖《あや》しさがあった。ちょうどニシンが獲れる時期に合わせるように、北海道の山々には天然のヤマワサビ（山山葵）が出る。もちろんそれを擂《す》りおろして薬味にするのである。

醤油皿に醤油をさし、その脇にヤマワサビを添え、それではいただきましょうかと刺身を一枚箸《はし》で取り、それにワサビ醤油をチョンとほんの少し付けて食べた。口に入れた瞬時、ヤマワサビの快香が鼻から抜けてきて、口の中ではニシンの刺身のポッテリとしたやさしく柔らかい身が歯に応《こた》えてホクリ、トロリとし、そこからまろやかなうま味と耽美《たんび》な甘み、そして脂肪からのペナペナとしたコクなどがジュルジュルと湧《わ》き出してくる。それをヤマワサビのツンツンと醤油のうまじょっぱみが囃《はや》し立てるものだから、たちまちにして私の大脳皮質の味覚受容器は充満するのであった。たったひと切れのニシンの刺身でもうこれだから、私の味覚に対する感受性は強すぎるのかもしれない。ともかくも、ニシンを刺身で味わえるのは、春の北海道民に贈られた特権のようなもので、この時期ちょっとした鮨屋《すしや》へ行くと、生のニシンの握り鮨がたいがいは出てくるのである。

ニシンの食い方で一等賞の味がするのは何と言っても塩焼きである。単純簡素な調理法だが、これに勝る食法はない。まず新鮮で脂肪ののった大型のものの鱗を去り、体表の裏と表から骨まで深く斜めに二本から数本、切れ目を入れる。包丁目を骨まで深く入れないと、卵巣（カズノコ）や精巣（白子《しらこ》）まで十分に火が通らず、生焼けになって中骨《なかぼね》から腹骨にかけて血がにじんできて身まで赤くしてしまう。串《くし》はおどり串を持ち、塩を振って炭火の上で両面を焼いて食べるのである。

塩焼きと言っても私の場合、塩はほんの少ししか振らない。よく化粧塩とか言って、やたらに鰭《ひれ》や尾に塩の塊をつくる料理人もいるが、あれを見ただけで血圧が高まってしまうし、またせっかくのおいしい魚の味が塩味に変わってしまう。鮎《あゆ》なども同じである。そこで、私の焼きニシンの最もうまい食べ方は醬油で食べることである。

焼きたてで、まだニシンの皮の焦げ目からプチュプチュなどと小さな焼き音が鳴いているぐらいのものに、醬油を数滴落とし、そのあたりに箸を差し込んでむしり取り、熱いやつを口に運ぶ。トロリとした脂肪の丸味と、身からのうま味。そこに皮の焦げた香ばしい匂《にお》いと、ニシン特有の野性の体臭が鼻孔《びこう》から抜けてくる。それらの香味は、またもや私の大脳皮質の味覚野を襲うのである。酒の肴《さかな》にも甚だよろしいが、せっかくこんなにおいしい焼きたてのニシンを、酔った挙句の飯のおかずにするにはもったいないと、熱々の炊きたての飯の上にほぐしたニシンの身をのせて、その上から数滴の醤油を垂らし、ガッガッと貪《むさぼ》る。するとニシンからの優雅なうま味と脂肪からのコク、飯からの耽美な甘み、そして醤油のうまじょっぱみなどが渾然《こんぜん》一体で融合し、誠にもって味覚極楽が味わえるのである。また焼いたニシンを食べるときの、いまひとつの楽しみは、腹に収まっているのはカズノコか白子かということである。カズノコのプチンプチンと弾《はじ》く歯応えも白子のポッテリとした中から出てくるクリーミーなうま味とコク、私は両方とも好きだ。

身欠きニシン。ニシンを割って干したもので、保存ができるとともに、うま味が濃くなる。焼いて食べたり、煮付けたり、昆布巻きにしても喜ばれる。

　身欠ニシンは、頭と内臓を除いて二つ割りにし、そのまま乾燥した素干品《すぼしひん》である。北海道では、ショウガ醤油に浸してから付け焼きにしたり、味醂《みりん》醤油で煮て甘露煮《かんろに》にしたり、それを昆布に巻いた昆布巻きにして食べることが多い。よく乾燥したカチンカチンのものを戻すには、米の磨汁《とぎじる》か米糠汁に漬けておくと夏なら一晩、冬でも二〜三日で柔らかく戻る。保存が利くので、海から遠い会津《あいづ》（福島県）や京都では、おいしいタンパク源として北海道から取り寄せ、重宝してきた。たとえば会津には「ニシンの山椒漬《さんしょうづ》け」、京都には「ニシン蕎麦《そば》」やニシンと茄子《なす》を炊いた「ニシン茄子」などの名物料理がある。

札幌の酒友《しゅゆう》たちの中に、小料理屋を営んでいる人がいて、その主人から花見の会の誘いを受けたことがある。私は二つ返事で指定された中《なか》の島《しま》公園近くの寒地土木研究所構内に行った。桜の時期だけ開放しているのだというその研究所内には、小川に沿って二〇〇本もの桜が開花していて見事な景観であった。その料理屋の主人と女将《おかみ》さん、板前さん、そしていつもの酒客仲間六人の合計九人の宴《えん》であった。小川の堤《つつみ》に陣を取り、乾杯で遊宴の幕は上がったので、板前さんは手に提げてきた重箱の蓋《ふた》を次々に開け、ご馳走《ちそう》を披露した。幾種もあるので目移りする中に、私がとても好きなニシンの昆布巻きがあった。重箱の中には、煮詰められた真っ黒い昆布巻きが幾つも重なってどっしりと横たわっている。黒い光沢を帯びた昆布と、それを結ぶ琥珀色《こはくいろ》の干瓢《かんぴょう》とのコントラストが絶妙で粋な姿であった。

重箱の中のひとつを心ときめかせて皿に取り、その昆布巻きの半分ほどを口に入れて、ガブリと前歯で嚙《か》むと、中央あたりがポクリと切れて半分が口の中に入ってきた。それを嚙みしめたとたん、スルリと溶け崩れ、昆布の中から身欠ニシンがピョロロンと滑り出てきた。それらをムシャムシャと嚙むと、ニシンの身からの濃いうま味と脂肪からのコク、昆布からのどっしりとしたうま味とトロトロとしたとろみ、味醂や醬油などの調味料のうまじょっぱみなどが湧き出し、流れ出てくるものだから、口の中はたちまちのうちに収拾のつかないほどの美味の混乱に陥ったのである。

張碓のシャコ

札幌駅—小樽駅間の距離は、JR函館《はこだて》本線ではたったの三三キロという近さで、その小樽市東部に張碓《はりうす》というところがある。日本海沿いの切り立った断崖《だんがい》に面していて、近くの山から急峻《きゅうしゅん》な岸壁が迫っている。集落は海に接していて、海岸には泥場と砂場が広がっている。そのような環境にはシャコ（蝦蛄）がとても生息しやすく、その上、石狩湾の水温や海流の関係で餌《えさ》も豊富。そのため昔から張碓ではシャコ漁が盛んであった。張碓のシャコの特徴は、本州や四国、九州のシャコに比べ、断然大型（全国の平均サイズは一〇センチ前後なのに、張碓産は一八センチ以上ある）で、身が締まり、おいしいことで知られている。

このことは札幌市や小樽市の鮨屋の誰《だれ》もが認めることで、それが広まって今では東京市場でも「小樽産張碓シャコは日本一」と評判が高く、高値で取引されている。とにかく「日本一の大きさで、日本一のおいしさ、日本一美しい漁場」のシャコだとされているのである。

私は張碓のシャコが本当に好きである。シャコの旬は春と秋の二度あり、とりわけ春はメスが抱卵《ほうらん》するために最も人気の高い時期となるのである。私はあるとき、行きつけの鮨屋で硬

大きさ、味とも日本一と評判の高い、垂涎の的の張碓シャコ。

いシャコの殻《から》の剝《む》き方を教えてもらったことがある。まず茹《ゆ》でるのだけれど、必ず生きた状態で湯がくのが鉄則だという。水に塩を入れて沸騰させてシャコを入れ、再沸騰したら八分間茹でる。それを笊《ざる》に空けて湯を切り、殻剝きに入る。まず頭を切り落とし、尾をV字に切り、縁《へり》を脚ごと切り、腹側の殻を首側から剝き、背側の殻は尾側から剝いて終了である。

剝き身のシャコは、そのまま軽く塩を振って食べたり、鮨種《すしだね》や天麩羅《てんぷら》（シャコ天）、酒と味醂と醬油での具足煮《ぐそくに》、酢のものなどにしたりして食べ方は多種である。小樽市祝津《しゅくつ》に青塚《あおつか》食堂という海鮮専門の店があって、私はよく行くが、ここではボイルしたシャコのほかシャコ飯、シャコの味噌汁《みそしる》が味わえ、とてもおいしい。

さて、私と「子持ちのシャコ」との対面話をしよう。札幌にも住むようになってしばらくのこと、大手水産会社の専務をしていた加藤信也《かとうしんや》さんと酒客仲間となった。その加藤さんが私のマンションを訪ねてきて、「今が春の旬なんで、張碓の子持ちシャコを持ってきたのさ。茹でて一杯飲《や》んねべか」と言う。私は飛び上がって喜び、そのシャコを見せてもらった。東京の鮨屋あたりのシャコとは全く違って大きく、全体ががっしりとしていて黄金色《こがねいろ》を帯びている。生きているシャコを目の前で見るのは初めてだったので、じっくりと観察させてもらった。体長二〇センチはあるとても奇妙な姿で、なんだか宇宙から来たモンスターに見えた。鎧《よろい》のような甲羅を付け、カマキリを思わす大きな一対《いっつい》のハサミを持ち、ムカデのように脚がいっぱい付いていて、カニのように両目が突き出ていて、尾扇《びせん》は大きなシャベル状になっている。

加藤さんが台所でシャコの下ごしらえをしている間、私は酒の支度《したく》をした。そして茹で上がったものを大きな皿に山盛りにしたのを見たときには、感動の極みここにありといった興奮状態であった。そのシャコの剝き身は、背の方が真っ白い地肌に淡い紫色が差していてとても美しい。それをひっくり返して腹の方を見ると、どのシャコも卵を抱いていて豊満であった。その卵のなんと美しいことか。いくぶん代赭色《たいしゃいろ》（赤茶がかった橙色《だいだいいろ》）を帯びた山吹色《やまぶきいろ》で、じっと見ていると天然美色の妖しささえ浮かんでくる。

その塩茹でのシャコの一尾を口に入れて噛んだ。すると身はポクリ、ポクリとし、卵巣はパララ、パラララといった歯応えがして、そこからとても甲《かん》の高い甘みと中濃のうま味、そして卵巣からのコクが湧き出てきた。それは、エビやカニとはひと味違った特有の奥深い味があり、やや野趣もあって絶妙であった。念のため身と卵巣を分けて食べてみると、身の方は上品で濃い甘みと淡いうま味があり、卵巣の方はねっとりまったりとしていて濃厚なうま味とコクとがあった。シャコの身がほんのちょっと触れただけの唇までもが、しばらくの間は甘さが残るほどであるから、味の濃さは相当なものである。加藤さんとは、その後今日まで、北海道の至るところに車で行って食べ続けている。

誘ってくる活ホタテ

北海道では一年中ホタテ貝が採《と》れるが、西の日本海側や噴火湾は三〜四月の春が旬、東のオホーツク側や根室海峡では八〜九月が旬である。その理由は、生まれて一年育てた稚貝を海に放すとき、日本海側は垂下式《すいか》、オホーツク側は地撒《じま》き式という違《ちが》いがあるからである。垂下式は稚貝をロープまたはネットに入れて海中に吊《つる》し、二年ほどかけて成長させて漁獲する方法、一方の地撒き式とは稚貝を直接海に放して、海底で二〜四年間成長させて漁獲する方法である。

春ホタテの活況の地は豊浦町《とようらちょう》、八雲町《やくもちょう》、長万部町《おしゃまんべちょう》、森町《もりまち》、伊達《だて》市といった噴火湾の海で、海中から引き揚げたものはすぐに出荷される。私は収獲最盛の時期、室蘭《むろらん》から出港する釣り船に乗せてもらい、伊達市長流川《おさるがわ》沖にあるホタテ養殖現場に行ったことがある。二年半育てたホタテを捲上機《まきあげき》で揚げたものは、非常に大型で立派なものばかりであった。ホタテ養殖現場を見たのは初めてだったので、水産関係会社の研究室で研究している私にとってはとてもいい勉強になった。

水揚げされたばかりの活《かつ》ホタテをいただいてきて、室蘭に戻り、あらかじめ予約しておいた市内の洋食レストランで料理してもらった。そのレストランは、噴火湾の魚介を中心に客の好みに応じて料理してくれる店で、その日は「生ホタテのサラダ」と「ホタテとジャガイモのバター醤油炒《いた》め」、そして「ホタテのフライ」をつくってもらった。

生ホタテのサラダはその美しさに驚かされた。活ホタテはややピンク色を帯びた乳白色で、光沢を帯びており、天然美色の妖しさで私を誘ってくる。その活ホタテを縦半分に切ったものが幾つも入っていて、それを乱切りしたリーフレタス、横半分切りのプチトマト、薄切りした黄パプリカと紫タマネギで和《あ》えている。ホタテの乳白色にリーフレタスの緑、プチトマトの赤、パプリカの黄、タマネギの紫がとても美しく、なんだか皿の上の花畑のようであった。それに特製のドレッシングをかけていただいた。

まずお目当てのホタテを取って食べた。するとホタテは歯に応えてムッチリとし、次第にホコホコとしてそこから貝特有の奥の深いうま味と耽美な甘みが湧き出てきた。そして、なんと鼻孔から微《かす》かに潮の香りが抜けてくるのであった。私はこれまでずいぶんとホタテの刺身を食べてきたが、海の匂いあるいは潮の香りがしたホタテは初めてであった。食べる三時間ほど前まで海の中にいたのだから、こういうこともあるのだろうけれど、それにしても新鮮なものの力というのは凄《すご》いものだと感心した。

「ホタテとジャガイモのバター醬油炒め」は最も北海道にふさわしい料理だと思ったのでつくってもらった。一口大に切った皮付きのままのジャガイモを柔らかくなるまで焼き、ホタテをバターで焼き、そこにジャガイモを加えて炒め、全体に火が通ったらコショウを振り込み、最後に醬油を回し入れしてさっと炒めて器に盛り、刻んだパセリを散らせたものである。ホタテは熱が加わったものだからやや硬くなってムチリ、ムチリと歯に応え、そこから濃いうま味と甘みが流れ出てきて、そこにバターのコクがこってりと幅を利かせて入り込み、ジャガイモのサラサラとした甘みも重なって秀逸な味がした。もうここでたまらず、辛口の白ワインを出してもらい、コピリンコと飲《や》りながら舌鼓《したつづみ》を打った。

「ホタテのフライ」は、塩コショウをした生ホタテに薄力粉、溶き卵、パン粉の順に衣を付け、サラダ油で揚げたものである。キツネ色に揚がったその熱々のフライにマスタードを少し塗り、ナイフで切り分け、フォークで取って口に運んで食べた。熱いのをハフハフしながら噛んでいくと、サクリ、サクリとする衣の歯応えの中から、ホタテの身がポクリ、ホクリと応えてきて、そこから今度は、生のホタテとは比較にならないほどの甘みが湧き出してきた。エビにしても、カニやイカにしても、このホタテでも、生のものと加熱後のものの味は全く違い、熱が加えられるとたんに甘くなる。これは加熱によってタンパク質の一部が分解し、甘みのあるアラニンやグリシン、グルタミン、セリン、スレオニン、プリンなどが遊離してくるからである。

妖しき緋色のホッキガイ

北海道ではホタテガイのほかにホッキガイ（北寄貝）も冬から春にかけておいしい貝である。姥貝《うばがい》とも言う。本州の茨城県以北の太平洋沿岸でも多産され、また富山県以北の日本海にもいるが、寒い海で身が締まって産卵期を迎えた北海道オホーツク海産はうま味と甘みが強いといわれる。身を軽く湯引きしたものは甘みが増し、そして心ときめかすほどの赤紫を帯びた緋色《ひいろ》（淡紅色）は神秘なほど美しく、ホッキガイの最高峰ともいわれている。

ホッキガイ。貝の刺身の女王ともいわれ、天然美色の淡い赤紫は神秘的でさえある。甘く、そして切ないほどうまい。

北海道での食べ方は、剝いてからヒモや内臓を切り取り、塩水の中で砂や汚れを流し、水を切って生のまま刺身や鮨種にもするが、身を開いて赤紫色に染まるまで塩水で湯引き、それを湯引き刺身として食べることが多い。こうすると、甘みやうま味が増すだけでなく、身がやや硬くなり、噛むと貝特有の食感が楽しめるのである。

ほかにソテー（バター焼きやオリーブオイル焼きなど）、

鍋《なべ》料理や煮貝、焼き貝、ぬた、天麩羅、しゃぶしゃぶ、カレー、酢のもの、汁ものなど食べ方は多彩である。あるとき、北海道を旅している途中で網走市に入ったので、そこにある大学に勤める旧知の教授に連絡をとった。居酒屋で一杯飲《や》らないか、と誘ってみたのだ。すると、俺の家へ来て食事をしようよ、ということになった。何が食いたいかと聞くので、おまかせすると言うと、それでは明日夕方と言って電話を切った。

翌日、昼飯は軽めにして招待してくれたその教授宅に行った。後でわかったことだが、彼の奥方は家庭料理の名人で、よく客を招いてホームパーティをするのだそうだ。とても愛《あい》嬌《きょう》のある奥さんで、「今夜はホッキガイの料理が中心です」と言う。そういえば北海道は冬から春に移った頃で、ホッキガイのおいしい時期である。

食事が始まると、次から次にホッキガイの料理が出てきた。まず「ホッキガイの貝焼《かやき》」である。つくり方は、奥さんがご丁寧にもメモ風に書いたものをコピーして料理の脇に添えてくれた。こういう人こそ料理が本当に好きで、だからこそ料理が上手な人なのだと私は思った。案の定、それからの料理は全てプロ並みかそれ以上であった。その貝焼は、剝き身にして一度殻から外して、塩水でよく洗って砂などを流し、水を切ってから小口切りにし、殻に戻して強火で焼き上げ、最後に醬油と酒を合わせた調味料で味付けし、刻んだ三つ葉を散らしたものである。それを食べてみると、コキコキ、シコシコしながら貝特有の奥深いうま味とほのかな甘みが出てきて、そこに調味料が少し焦げてできた香ばしい匂いが焼けた貝の匂いと交じり合い、頬《ほ》っぺた落としの味がした。

ほかにホッキガイとキュウリ揉《も》みを合わせた酢のもの、バター焼き、ホッキガイの身とヒモ、足を使い、春の山菜の野蒜《のびる》（茹でたもの）とともに酢味噌で和えた「ぬた」もご馳走してもらった。そしてなんとも嬉しいことに、最後の方でワインに合うホッキと米の料理を出されたときには、感激で胸がいっぱいになった。その料理は「ホッキガイのリゾット」である。剥き身のホッキガイを塩水でよく洗い、身を茹で、茹で汁と身を分ける。身から足とヒモ、水管、貝柱を切り分ける。タマネギとマッシュルームを細かく切り、ニンニクで香り付けしたオリーブオイルで炒める。ここに生の押し麦と米を入れて炒め、刻んだ足とヒモ、水管、貝柱を加え、そこに茹で汁を注いでから煮上げる。押し麦と米が歯応えが残る状態になったら粉チーズとバターを加え、かき混ぜて出来上がりである。

それをリゾット皿に盛り、よく冷えた北海道産白ワインを添えて出してくれたのである。

そのワインはシャルドネ種で、いただく前にテイスティングしてみると、すっきりした酸味と味わいがあり、そうかといってボディもふくよかにあって、これはたぶんブドウを搾《しぼ》って皮も種もともに発酵させた「醸《かも》し発酵のワイン」と見た。魚介類に相性がよさそうだ。醸造学の教授をしていた私は昔、「醸し発酵ワイン」について大学院の院生の論文で指導したことがあり、そのワインの素性がすぐにわかったのである。それにしても米料理を酒の肴にするとは面白い。

私はそれをいただいておいしさに感激した。炊かれた麦と米は見事にホッキガイのうま味と甘みを吸収していた。それをチーズとバターのコクが盛り立て、さらにタマネギの甘みも加わって秀逸だったのである。その上、普通に家庭でつくるリゾットはどうしても「おじや」みたいにべっとり、もったりしてしまうのに、この家のは粘《ねば》りを出さずパラリとアルデンテ（少し硬め）に仕上げているのである。さらに全体の色も魅惑的で、麦と米は淡いクリーム色、マッシュルームの薄い白茶色、そこにホッキガイの赤紫色が加わって美しい。

スプーンでリゾットを掬《すく》い取って口に入れて噛むと、初めはトロリと入ってきて、麦と米は歯に応えてプチプチとしてアルデンテ状態にあった。そこから優雅な甘みが流れ出てくる。すると次にホッキガイの身やヒモ、足、水管、貝柱などがシャキリ、ホキリとし、そこからは耽美な甘みが湧き出してきて、それらをチーズとバターのコクが包み込んで、誠にもってよくできたリゾットであった。それをじっくりと味わってから、ワインをグビリンコと飲む。するとワインは私の顎下《がくか》を越して喉《のど》を急いで下っていき、それが胃の腑《ふ》の近くの鳩尾《みぞおち》あたりをジュワーンと熱くした。実にすっきりしたワインで、このリゾットとは相性抜群であった。

若くて豊満なトキシラズ

サケ（鮭）は北海道の川で孵化《ふか》した後、海で四年過ごし、産卵のために生まれた川へ再び戻ってくる。その季節は秋で、川に戻る途中に北海道の沿岸などで獲られたのがアキアジ（秋鮭）と呼ばれ、これが一般的なサケである。これに対し、ロシア極東のアムール川で生まれ、回遊の途中で北海道の沿岸で漁獲されるのが「トキシラズ」（時不知）である。春、産卵の準備がまだ整っていない状態で捕獲されるので、脂肪や栄養分が卵巣や精巣に消費されず、身の方に滲《し》み込んでいる。そのため身には脂肪がたっぷりとのっていて、実においしいのである。また、若いサケなので身に軽快なうま味があり、鱗や皮が薄くて柔らかく、体表全体が銀色に光り輝いている。

とりわけ凄いのが、腹側の内臓の周りにあるハラス（腹須）という部分のうま味とコクである。マグロでいえば大トロの部分で、トキシラズに限らずこのハラスはサケ共通の美味どころである。しかし、トキシラズのハラスには、アキアジの三倍もの脂肪がのっていて、焼くと脂《あぶら》がしたたり落ちるほどジューシーなのである。その上、若いサケなので脂の味は決してしつこくなく、あっさりしていて絶妙なうま味とコクと甘さがある。ハラスの部分をこんがり焼くと、白銀色の皮はキツネ色となって、パリパリとし、身はトロトロとしていて、とにかくこの部分の塩焼きがあれば、ご飯茶碗《ぢゃわん》三杯の飯もあっと言う間に胃袋にすっ飛んで入ってしまう。

トキシラズは他のサケとは異なり、産卵のためにカムチャッカ半島付近から南下してくるのではなく、餌を求めて南下し、秋になってアムール川に帰るのだけれど、その回遊の途中

トキシラズ。サケは秋に来るが、トキシラズは春から夏にかけてやってくる。美しい銀鱗は眩しいほどで、脂肪がよくのり、値段は秋サケの3〜4倍はする。

に北海道の日高《ひだか》、広尾《ひろお》、根室、釧路、厚岸《あっけし》、士別《しべつ》、白糠《しらぬか》などの沿岸の定置網に入るのである。ちなみに、日本の川から旅立ったサケは、このトキシラズの時期には太平洋の沖合を回遊して食餌《しょくじ》しており漁獲されることはない。

釧路魚市場で魚を競《せ》るカネセフーズ社長の魚谷《うおや》益三《ますぞう》さんとは三〇年以上の友人で、私が釧路に行ったときの常宿は彼の自宅である。五月末のある朝、魚谷さんは市場の帰りにトキシラズを持って帰宅した。「トキ揚がったんでさ、一本買ってきたよ。塩焼きにして朝飯で食うべさ」と言う。私は歓喜して「ぜひハラスの塩焼きも食いたい」と言うと、早速そのトキシラズを捌《さば》きにかかり、三枚に下ろした身からハラスを切り出した。そしてそれをさらに切り分けて、長さ約一五センチ、厚さ約二センチ、幅約三センチの棒（スティック）状に切った。皮はやや淡黄色を帯びた白銀色、身は淡い白系ピンク色で、よく見ると肉身にはしっとりとした感じで乳白色の脂が差し込んでいる。

魚谷さんはそれに塩をして炭火で焼いた。彼はサンマでもキンキでも魚を焼くときは七輪の炭火の上に金網を置いて焼くのである。焼いていると、身の脂が溶け出してきて、それがポトリ、ポトリと炭火に落ち、その都度パッ、パッと燃えるのであった。こうして皮はこんがりとキツネ色まで焼き、身のほうもホクホクと焼いたものを食べた。ガブリと身の一部を嚙み切って口の中に入れ、ムシャムシャと嚙むと、皮は歯に応えてパリリ、シャリリとし、肉身はポクリ、ホロリとして崩れていき、そこから優雅なうま味と耽美な甘み、脂肪からのペナペナとしたコクなどが湧き出してきて、それをしょっぱい塩が軽く包み込んで、頰っぺた落としの妙味であった。

マスノスケの頭汁

マスノスケ（鱒之介）とは巨大なサケ（鮭）、キングサーモンのことである。アラスカからカムチャッカ半島の北太平洋冷水地域に棲《す》み、日本にはロシアに回帰する一部の群れが主に北海道の太平洋沿岸で漁獲されるものである。獲れるといってもその数は極めて少ない。大きなものでは体長二メートル、体重六〇キロに達するものもいる。北海道で漁獲されるものの平均は体長一メートル、体重一五キロ以上で、通常のサケよりはるかに大きい。

サケ類の中では特に脂肪が多く、超美味とされ、北海道では晩春に道東の定置網にかかることが多い。刺身は寄生虫対策のため一度冷凍したもので食べるが、通常のサケに比べて味

マスノスケはキングサーモンの名でも知られる巨大なサケで、北海道でもめったに獲れず、高価である。

が濃い上に脂肪がのっていて、マグロでいえばトロのような味である。また、生身を切り身にして塩焼き、ムニエル、鍋などで賞味されるが、稀少《きしょう》なサケなので北海道の人たちは大切に味わっているのが現状である。

私はある五月の中旬に標津《しべつ》の知人のところに行ったとき、そのキングサーモンの「粗煮《あらに》」をご馳走してもらったことがある。頭や中骨、鰭《ひれ》、尾などの、いわゆる粗を湯通しした後、これをじっくりと煮込んでからダイコン、タマネギ、ニンジン、ゴボウ、コンニャクなどとともに味噌仕立てにしたものである。魚をおろしたときに出る粗などを客人に食べさせるとは失礼な、などと思う人がいるかもしれないが、北海道ではそれは間違った考えで、サケ、とりわけキングサーモンの粗汁は格別のうま味と野趣があり、客人をもてなす料理として上席に置かれる食べ方である。もちろん、そのあたりを知った客人も、その美味の歓迎に感謝するのである。

このとき出された粗汁は大きな丼《どんぶり》に盛られていた。それは当然のことで、キングサーモンから出る粗は実に大量で、頭、尾、鰭、中骨、内臓などでつくるとなると、何十人分の粗汁ができる。そのようなときには、通常あまり使わない大鍋を引っ張り出してきてつくるのであるから誠に壮観である。私はその知人宅で、豪華にも頭だけを使った粗汁をご馳走してもらったのである。なにぶんにも私は粗の料理が大好きで、長い人生の間にずいぶんと魚介の粗料理を食べてきた。それが高じて『粗談義《あらだんぎ》』（中央公論社）という本を書いたほどなのである。そのことを友人は当然知っていて、私にキングサーモンの頭だけの豪華な粗汁を振舞ってくれたというわけである。

その粗汁はとてつもなく美味であった。私がこれまで経験した中で、おそらく一等賞の粗汁であった。友人に聞くと、巨大な頭を縦二つに割って、それを淡い塩汁の中でじっくりと三時間も茹でたということであった。するとすでに頭骨などまで柔らかくなっているに違いない。通常、粗汁にはジャガイモやニンジン、ゴボウなどを入れるのであるけれど、友人は私の好みを知っていて、茹で汁に粗だけを入れ、それを味噌仕立てにした「頭汁《あたまじる》」であったのでさらに嬉しくなった。

頭が盛られた丼を見て、私はますます興奮した。もちろんマスノスケの頭一個は大きすぎて丼に入らないので、縦二つ割りにしたものをさらに今度は横二つに裂き分けて、そのうちの二つを盛ってくれたのである。丼の味噌汁の上からは、一個のマスノスケの尖《とが》った口先と唇がポテポテとした皮に包まれてはみ出していて、あと一個の粗は汁の中に浸《つか》るような格好でゴロリと横たわり、その部位はなんとプヨプヨとした目玉の付近の塊であった。

サケ科の魚の最も美味なところは頭のこの両部分であるが、それが脂肪のよくのったマスノスケの頭であるので、興奮するのは当たり前なのである。重い丼を左手にしっかりと持ち、右手に箸を持っていよいよいただいた。尖らせた私の唇を丼の縁《ふち》にそっと触れさせ、まずは汁を啜《すす》った。瞬時に口の中が熱くなり、すぐにその汁からは深く濃厚なうま味とまっとり感のあるコク、それに微かな甘みなどが湧き出してくるのであった。このまっとりとした感覚はサケ科の魚の頭に層状に重なっているコラーゲン質のためであろう。それらのおいしさに味噌のうまじょっぱみも加わって絶妙であった。

次に、マスノスケの尖った口の先端に私の口を付け、そのあたりを吸い込むようにすると、剝けた皮がピロロンとした感覚で口の中に入ってきた。それを嚙むとひと嚙みでトロトロとなってしまい、そこからはゼラチン質の淡い甘みとコクとが湧き出してきた。皮が離れて剝き出しとなった先端の軟骨部分をムシャリ、ムシャリと嚙むと、それがホコホコと崩れていって、ここからも優雅な甘みとコクが出てきた。

一方、目玉付近を食べたとき、私は失神するのではあるまいかという美味の波濤《はとう》に襲われた。大きな目玉のプヨプヨとした柔らかい部分を箸でごそっと抉《えぐ》り取り、それを一気に口に運んで食べたのである。するとその部分は口の中にピロロン、ピロロンと広がっていって、そこからはこれぞゼラチン質、これぞコラーゲン質といった膠《にかわ》状《じょう》のとろみが、舌や頬《ほお》の天井や内側をやさしく撫《な》でてきて、そこからも上品無垢《むく》の耽美なうま味と甘み、コクなどがチュルリ、ピュリリと湧き出してくるのであった。この時点で、その味覚極楽の境地に酔いしれた私の大脳皮質味覚受容器は飽和状態となり、失神寸前に陥るのであった。

恍惚のマツブ

北海道の日高地方では四月から七月にかけてマツブ（真螺）が旬を迎える。エゾボラ属の大きな巻き貝で、茶色の貝殻にある盛り上がって曲がった筋は太く目立ち、法螺貝《ほらがい》の形によく似ている。唾液腺《だえきせん》にテトラミンという弱い毒素を持っているので、これを除去して食べる。北海道ではアワビは刺身にして食べるが、このマツブはもっぱら焼いたり煮たりして食べてきた。ところが近年、これを刺身にして食べる人が多くなり、今では札幌あたりの料理屋や鮨屋では高級刺身として扱われている。人気の理由はコリコリとした食感と、うま味と甘みのバランスがとてもよく、また刺身にしたときの身の色が美しいクリーム色で、その上、貝特有の潮の香りがあるからである。

食べ方は生食、焼き貝、煮貝、天麩羅、ソテーなど幅広いが、新鮮なものはほとんどが生食される。私は札幌の小料理屋でとても珍しい「マツブの水貝」を食べたことがある。初め

マツブ。新鮮なものは刺身や握り寿司で食べるのが通常で、コリコリとした歯応えの中から、耽美な甘みと優雅なうま味が湧き出してくる。

てロにしたのが大層美味だったので、帰り際に主人につくり方を聞いてみると確かに面白い発想でつくっていた。上質の真昆布《まこんぶ》を水に漬けて半日置き、少し温めてから昆布を取り出す。そのだし汁に酒と塩を加えて薄めの味を付ける。そこにショウガの搾り汁を少々加え、それを冷凍庫に入れてシャーベット状にする。一方マツブの身は心持ち薄く切り、皿に盛ってからシャーベット状の昆布だしを加えて、その上に山椒の葉を飾って出来上がり、ということであった。

それを食べると、シャーベット状のだしに冷やされて、マツブの身はカチコチになるほど身が締まり、噛むとそれでなくとも歯応えのある貝の身なのに、それがさらに硬くなって、コリコリどころではなくガチガチといった弾力で歯に迫ってくる。なんと頑固な硬さかと辛抱しながら、そして楽しみながら噛んでいくと、そのうちに貝の身は観念したと見え、ホッコホコと崩れ散っていき、そこから絶妙な貝のうま味と微かな甘みなどがチュルチュルと湧き出してきて、そのうま味に恍惚《こうこつ》とした。しばらくその耽美なうま味をじっくりと味わってからゴクリと顎下に呑《の》み下すと、なんと海原《うなばら》の匂いが鼻孔から抜けてきて、この貝の一層の不思議を感じるのであった。

一盛五〇〇円のスナガレイ

石狩市厚田漁港は、私のいる石狩市親船の研究室からは車で二〇分ほどで行ける楽しいところである。親船を出てすぐに全長一四一二メートルの石狩河口橋《かこうきょう》を渡ってしばらく走ると、あとは最北端の稚内《わっかない》までオロロンライン（石狩市と稚内を結ぶ国道二三一号、二三二号、一〇六号を経由する約二九〇キロメートルの海岸線）が続いている。途中、左手にはずっと日本海の広大な景色が広がっていて、飽きさせることがない。

そのオロロンラインを親船の研究室から北上して約二〇分、小さな厚田漁港に着く。ここでは冬季の一部を除き、春から秋にかけて朝市が立ち、漁船から揚げられた新鮮な魚介類が売られている。魚の市場に行くのが好きで、そこで買ってきた魚を料理して食べるのが楽しみな私は、ときどき朝早く起きては厚田漁港の朝市に行くのである。

四月中旬の土曜日に厚田朝市に行った。オロロンラインの「厚田漁港入口」の小さな標識板を目印に、そこを左折して坂を下り二〇〇メートルも行くともう漁港である。そこには、早朝に港に戻ってきて、獲った魚介を陸揚げし終えた漁船が何艘《そう》も停泊している。そしてその近くには魚介を販売する小屋や屋台が数軒あって、眩しいほど煌々《こうこう》とライトを照らしながら水揚げされたばかりの魚介を売っている。そこにはニシン、カサゴ、エゾアイナメ、サバ、ヒラメ、シャコ、マス、エゾメバル（ガヤ）、イカ、タコ、エビなどの春の魚介が木箱に詰められたり、プラスチック製皿に盛られたりして売られているのである。ざっと屋台をひと巡りして朝市の雰囲気を楽しんでから、次は何を買おうかとあれこれ物色していると、私の目をぐっと誘ってくる魚があった。プラスチック製の皿に盛られたスナガレイ（砂鰈）で、大きさは約三五〜四〇センチの型のいいもので、それがなんと五枚も盛られて値段が五〇〇円也《なり》。一枚ではなく五枚の値段だ。嘘《うそ》のような本当の話。

何の迷いもなく、それを一盛買った。この魚は海底の泥地に棲んでいて、その上底曳き網《うわそこびあみ》で獲るため地元の人たちに生食はほとんど見られなく、大半は焼くか煮付け、揚げなどで食べる。焼く場合は一夜干しが必定《ひつじょう》で、こうするとうまい。私はかねて、友人宅でその一夜干しを肴に酒を酌《く》み交わしたことがあるが、干すことにより水分が飛んで身が締まり、味も濃くなる上に、脂肪が表面にじっとりと滲み出てきて、焼くとコクがのって香ばしく、実に美味であった。その味が忘れられず、機会があれば自分でもつくって賞味しようと思っていたのである。

早速持ち帰って、石狩の研究室の前庭でつくった。俎板《まないた》の上で水を流しながらカレイの両面を亀《かめ》の子束子《こたわし》でこすり、鱗とぬめりを取る。頭を落として内臓を抜き取り、血合いを洗い流す。水一リットルに粗塩《あらじお》を大サジ三の割合で加え、その塩水に六時間漬けてからキッチンペーパーで水気を拭《ふ》き取り、尾を針金ハンガーに掛けてひと晩吊し干しにした。

翌日の昼食時にその一夜干しのカレイを焼いて食べた。焼く前のカレイの表面には水気は全くなく、全体がポテポテとしている。人差し指で押してみると、ムッチリとした感覚がはね返ってくる。そのカレイの両面をこんがりと焼いた。目の付いている側の体色は黒褐色《こっかっしょく》、その裏側は白色であるが、その白色の肌の方は火でこんがりと焼かれて皮の表面がキツネ色になっている。その熱々の焼きたてを大きな皿に移し、まず身の中央あたりに箸を入れて皮ごとごそっとむしり取ると、真っ白い身からふわふわと湯気が立ってきた。その熱い身を口に入れて噛むと、瞬時に鼻孔から皮の焦げた香ばしい匂いが抜けてきて、口の中ではホコホコとした身から心惹《ひ》かれるうま味とやさしい甘みとが湧き出してきて、それを淡い塩味がやさしく包んでくれるものだから格安の逸品であった。

次に、もっと身をむしり取り、醬油をチョチョンとほんの少し垂らしてから、茶碗に盛った熱い飯の上にのせて食べた。私はこの食べ方がとても好きなのであるが、それがなんと美味だったことか。真っ白い飯の上に一夜干しスナガレイの白いむしり身がのり、それをかっ込むようにして口に入れてムシャムシャと噛んだ。すると口の中では、飯の耽美な甘みとスナガレイからの優雅なうま味が混ざり合い、それを微かな醬油のうまじょっぱみがチョコチョコと囃《はや》すものだから、そのうちに収拾のつかないほどの美味の混乱に陥るのであった。

ガヤの煮付けと「男山」

春の煮付けはガヤに限る、と私は常々思っている。道民呼称のガヤとは正式名エゾメバル（蝦夷目張）のことで、体長約三〇～四〇センチ、体色は灰褐色が多いが中には赤褐色もある。メバルによく似ているが、尾鰭《おびれ》後縁部が白であること、下顎に鱗がない点が異なる。メバル同様、目がクリクリとしていて大きい。

実は北海道では岩場を好むロックフィッシュの外道《げどう》として嫌われる傾向があり、あまり歓迎されない魚であるけれど、本当はとっても美味で、新鮮なものの刺身は白身系ではヒラメやタイ、スズキなどに引けをとらないほどである。通常は唐揚げや天麩羅、焼き（一夜干しの開き）、汁の実などにするが、やはりメバル系の魚は醬油と酒、味醂、砂糖などを使って甘じょっぱく煮付けたものが最高である。

そう難しい釣りではなく、ルアーフィッシングなどでもよく釣れるので、春の市場に行くと、四〇センチ級の立派なガヤが安く手に入る。私はこの時期にガヤの煮付けが食べたくなると、車で小樽の南樽《なんたる》市場あるいは新南樽市場に行って買ってくる。札幌の自宅から小樽までは一般道路（旧国道五号線）で約四〇分、札樽《さっそん》自動車道（国道五号線）では約二〇分で行ってしまう。そのため新鮮で安く、おいしい魚を買うときには、漁港のある小樽に行った方が札幌市内のものよりお得であるからそのようにしているのである。

家に持ち帰ったガヤは、我が厨房《ちゅうぼう》「食魔亭《しょくまてい》」流では次のようにして煮付けにする。まず下ごしらえは、頭を落とさずに鱗と鰓《えら》を取り、隠し包丁で腸《わた》を取る。体に二本の切れ目を入れて身の反るのを防ぎ、味の含みや火の通りをよくする。下ごしらえの済んだガヤを鍋に置き、一匹につき砂糖大サジ一、味醂大サジ一、醤油大サジ一、酒五〇cc、水五〇ccを回しかけし、ショウガの薄切り一片を入れたら中火にかける。沸騰したら落とし蓋をして弱火にし、ときどき煮汁を掬って魚にかけながら煮て、全体に火が通ったら出来上がりである。

エゾメバルはガヤとも呼ばれ、煮付けにすると最高級の美味魚となる。本州あたりのメバルに比べるとかなり大きく食べ応えがある。

その煮付けを姿のまま一尾、浅い底のある大皿にデンと横たえ、その上から煮汁をかける。全体が赤色を帯びた黒褐色で、やや光り輝いている。その中央部あたりに箸をつけ、ごそっと取って食べた。すると身はとても柔らかで、二、三度噛むとホコホコと崩れていき、そこから軽快なうま味と甘みが出てきた。食べていくと、とても骨離れのよい魚で、箸で肉身をつまみ上げただけでポロリと骨から身が離れてくる。煮る前の身は透き通るような白色であったが、そこに煮汁が滲み込んでやや赤みを帯びた淡い黄褐色に変わり、それが光沢を帯びてとても食欲を誘う。とたんに私はその煮付けを酒の肴にしたくなり、急いで北の大地の名酒「男山《おとこやま》」(旭川市)の純米御免酒《ごめんしゅ》を熱燗《あつかん》にしてコピリンコした。その熱い酒は、空腹の私の喉を一直線に下っていく。

あとはホコホコとしたガヤの煮付けをつまみつまみ、酒をコピリンコ、グビリンコしながら、しばし陶酔のひとときを過ごした。気付いてみると、ガヤ一尾を骨までしゃぶり、酒は一合徳利《どっくり》に三本を平らげて晩酌《ばんしゃく》終了。あとは温かい飯を茶碗に盛り、そこに煮汁をぶっかけてザクザク、サラサラと貪ったときの美味の快感は、今でも脳裏から離れない。

檜山沖、茹でたてのベニズワイガニ

漁港の春の色で印象的だったのは、渡島《おしま》半島の江差《えさし》漁港に行ったときに見たベニズワイガニの真紅《しんく》であった。その鮮やかな赤は目に滲みるほど強烈で、寒かった冬を忘れさせ、とたんに新たな季節到来を感じさせてくれる光景であった。ここのベニズワイガニは好漁場の檜《ひ》山《やま》沖で捕獲したもので、この海域のカニは肉身に甘みが強く、濃厚なカニみそもべったりと付いているのが特徴で、北海道の市場ではブランドガニとして知られている。この時期、江差の津花《つばな》の国道沿いやかもめ島入口などのかに直売所には「かに」と書かれた幟《のぼり》が目につく。

ベニズワイガニはこの檜山沖の海底五〇〇〜二五〇〇メートルの深い海に棲み、冬から初夏にかけて漁が行われる。その漁法はズワイガニの底曳き漁と違い、籠《かご》を沈めておいてそこに入るのを待つカニ籠漁で行われる。ある年の五月初旬に江差港を訪れたときのことだが、ちょうどカニを大量に積んだかなり大きな漁船、第58宝樹丸《ほうじゅまる》（乗組員は一二人とのことである）が接岸していて、そこからカニの入った箱が次々にトラックに荷揚げされていた。その日だけで約九トンのカニが水揚げされたという。

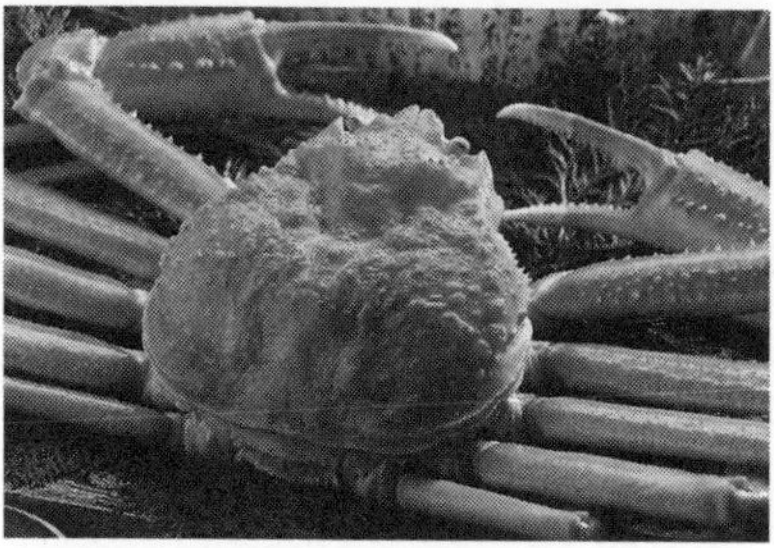

ベニズワイガニ。茹でる前から眩しいほど赤いカニで、ズワイガニより肉質は劣るが、鍋で食べると実にボリュームがあり、またおいしい。

トラックはカニを積載すると、間髪入れずに町内の加工所に直行する。遠く稚内市の加工所にも送るというが、江差町で加工されるのは「浜ゆで」と称されるもので、私はその現場も見せてもらった。加工といっても茹でるだけのことであるが、そこでは実に大切にカニを扱っていた。まず盥《たらい》の中でベニズワイガニの汚れを一パイずつ束子《たわし》で丁寧に手で洗い、輪ゴムで脚をまとめた後、煮立った大鍋の湯の中に投入、一度に四〇パイものカニを入れて四〇分間茹でる。茹で上がったカニは冷水の中でひと洗いして浜ゆでは終了。そしてすぐに大きさごとに分けられ、水抜きのためにいったん冷蔵庫に入れられる。その後冷蔵庫から取り出され、直売所や函館、札幌の市場に出荷されるのである。

ベニズワイガニはズワイガニ（松葉《まつば》ガニあるいは越前《えちぜん》ガニ）と姿も色も酷似しているが、圧倒的にズワイガニの方が高価である。うま味や甘み、身の締まり具合、カニみその質などで評価が分かれるためであるが、それを逆手《さかて》に取れば、ベニズワイガニは利用価値が非常に高い。それは、値段がズワイガニに比べてそう高くないので気軽に食べられることにあり、またさまざまな料理に広範囲に使えることにある。焼きガニにしたり、鍋にしたり、天麩羅にしたり、ほぐし身をサラダに和えたり、ピザやパスタ、グラタンに使ったり、中華料理に彩りを添えたり、雑炊《ぞうすい》に使ったりと、ズワイガニでは到底考えられないような使い方ができるのである。

さて、私が江差町の加工所で食べた浜ゆでのベニズワイガニだけれども、それはそれは誠にもって美味で、頬落舌踊《ほおらくぜつよう》の思いをした。脚を広げると五〇センチを超し、甲羅は一〇センチもあった。甲羅をパカッと剝《は》がすと、山吹色あるいは黄金色のおいしそうなカニみそがべったりと寄り添っている。逸《はや》る気を抑え切れず、人差し指をそのカニみその中央あたりに付けて、ごそっとカニみそを取ると、それを口に入れて食べた。瞬時に鼻孔から茹でたカニの甘ったるい匂いと微かな潮の香りが抜けてきて、口の中にはカニみその濃厚なうま味とねっとりとしたコクが広がって絶妙だった。

そこで次に、カニの脚の殻を剝いて脚肉棒だけを取り出し、それにカニみそをべっとりと付けてから食べてみた。すると今度は口の中で、カニみその濃厚なうま味とコクにカニ肉の優雅な甘みが重なって絶佳な妙味が広がった。ベニズワイガニにはベニズワイガニの、ズワイガニにはズワイガニのよさというものが個性としてそれぞれにあるのだから、それに甲乙をつけるのではなく、しっかりと味わってその味の個性を楽しむことこそ、食いしん坊の骨頂の享楽《きょうらく》だと、私は江差の海で思った。

第2章　大地に萌える味

雪に閉ざされ、凍土で固まった冬の大地に種子《たね》を蒔《ま》くことはできないので、北海道の畑は春が来ると耕され、さまざまな種子が植えられる。そのため春は、冬越しの野菜や根菜が主として食卓に上り、また、雪解けしてからすぐに蒔いた野菜が晩春に育ったものを食べることができる。秋に収穫した根菜を冬期にどのようにして越冬させ、食卓に供するのかについては「冬の味覚」の部で述べることにして、ここでは北海道に春到来の時期、大地からの新鮮な恵みを中心にした食事風景や食材について述べることにする。

石狩川土手のフキノトウ

北海道に春を告げる植物といえば、何と言っても山菜である。山菜とは山野に自生し、食用にする植物の総称で、ハマボウフウやオカヒジキのように海浜に自生する食用植物も山菜に含まれる。またノビルやヨモギ、イタドリのような平地の土手や田んぼの畔《あぜ》に自生している植物で食用になるものは野草と呼んでいるが、ここでは春の北海道の大地に自生し、食卓に上るものを一括して山菜と呼び、述べることにする。

春一番に土から顔を出すのがフキノトウである。雪解けが始まる三月中旬から下旬になると土手や堤防、道端や公園など至るところで見られる。北海道の人たちは、これが出ると春到来を宣言する人も多く、まさに待ちこがれ恋いこがれる植物である。春の味覚を象徴するのは「苦み」であるとされるが、フキノトウの苦みは単純に苦いものではなく、爽快《そうかい》でやさしい苦みだ。その苦みには新陳代謝を活発にしたり、ホルモンバランスを整えたりする働きのあることがわかってきた。そして何と言っても、瑞々《みずみず》しく健康的で、薬草を思わせるような快香が魅力的である。

私のいる石狩の研究室の庭や、二〇〇メートル先の石狩川堤防にも、この時期無数といってよいぐらいにフキノトウが芽を出してくる。萌《も》えるような淡い黄緑色で、初め花は、葉柄《ようへい》(葉を茎や枝につないでいる細い部分)に包まれて出てくるが、しばらく経《た》つと葉柄が開き、中から小さな花の集まりが塊のようにして咲き出す。私は毎年、その石狩川の土手に芽を吹くフキノトウを楽しみにしているが、その年、最初に賞味する料理は断然「フキノトウの味噌炒め」と決めている。一〇〇グラムほどフキノトウを摘んできて、よく洗い、泥や埃《ほこり》を除く。その後薄い塩水などで煮て、アク抜きをする人もいるが、私はしない。苦みが大部分失われるからである。ボウルに味噌八〇グラム、酒大サジ一、味醂《みりん》大サジ一を加え、よく混ぜ合わせる。フキノトウは縦半分に切ってから細かくみじん切りする。中火で熱したフライパンに大サジ一のサラダ油を引き、フキノトウを炒める。しんなりしてきたら火を弱め、そこに混ぜ合わせた調味料を加えて炒め、途中砂糖大サジ二を加え、さらに炒め合わせ、全体に味が馴染《なじ》んできたら火から下ろし、粗熱《あらねつ》を取ってから器に移して完成。黄緑色のフキノトウと赤銅色《しゃくどういろ》の味噌が、炒め油でテカテカと光り輝き、見ただけで涎《よだれ》が湧き出してくる。

フキノトウは北海道に最初に春を告げる山菜だ。その芳香は道民に春の喜びを与える。

温かいご飯を茶碗に盛り、それを左手で持ち、右手に持った箸でフキノトウの味噌炒めを取ってご飯の上にべっとりと置く。それを食べると、口の中には一瞬にして春が広がり、そして鼻孔からは春の香りが抜けてくる。噛むと、ご飯のホコホコとした食感の中から上品な甘みが湧き出てきて、そこにトロリ、ふわふわとしたフキノトウの味噌からのほろ苦みとうまじょっぱみが重なり、さらに調味料の甘みや炒め油のペナペナとしたコクなどが加わって、頬っぺた落としの妙味となる。何を隠そうこの私は、フキノトウ味噌一品だけをおかずにして、ご飯茶碗三杯の飯をあっという間に胃袋にすっかり入れてしまったことがある。

ギョウジャニンニク、魔性の味

春の北海道の野生の味覚といえば、誰もが知っているギョウジャニンニク（行者大蒜）である。ネギ属の多年草で針葉樹林帯や混合樹林帯の水湿地に群生し、長さ二〇～三〇センチ、幅三～一〇センチの葉を持ち、全体的に緑色で茎の部分は赤い。ギョウジャニンニクの名の由来は、山にこもる修験道《しゅげんどう》の行者が精力剤として食べたことにあるといわれ、またアイヌネギ、ヤマビル（山蒜）、キトビロなどの呼び方もある。

茎の太さが一センチ程度で、まだ葉の開かない状態のものが味、香りともに濃くて珍重される。最近では抗菌作用やビタミンB_1、活性効果、血圧安定、視力回復などの保健的機能性が次々にわかってきて注目されている。おひたし、酢のもの、炒めもの、天麩羅、ジンギスカン、餃子《ギョーザ》、スパゲッティ、醬油漬けなどに広く利用されている。

私の場合は、たいがいは四通りの料理で楽しんでいる。まず一つめは、さっと茹でてから、その上に削りたての鰹節《かつおぶし》をかけ、醬油を垂らして食べる「おひたし」だ。口に入れて嚙むと、シャキリシャキリと歯に応え、微かにニンニクの匂《にお》いの中からほのかな甘みがチュルチュルと湧き出てきて、そこに鰹節の濃いうま味と芳香、醬油のうまじょっぱみなどが重なってきて、野趣満点の春の味を素朴に楽しめるのである。

二つめは「卵とじ」である。だしを張った鍋にザク切りしたギョウジャニンニクを入れ、ややしんなりしてきたところで溶き卵を上から回しかけしてとじ、火を止めてそこに醬油を適量垂らしていただく。ギョウジャニンニクを煮すぎず、さっと茹でるのがコツで、熱々のそれを椀《わん》に取り、ひと口啜るとそのあまりにもやさしいおいしさに頭の中が真っ白になってしまう。口に入ってきた汁には、ギョウジャニンニクの耽美な甘みと卵とだしからの優雅なうま味、そして醬油のうまじょっぱみが溶け合っていて、そこに野趣あるニンニクの匂いがアクセントになっていて絶佳である。

三つめの料理は私のオリジナルで「ギョウジャニンニクと納豆と目玉焼きと鰹節丼」という長い名前の料理である。名前は長いが、つくり方は簡単で実にうまい。一人前だと、ギョウジャニンニク（二〇～三〇グラム）をさっと茹でる。よく湯を切ってから細かく切り分け、そこに納豆（一パック）を加えてよく和える。丼に温かいご飯を七分目ほど盛り、そこにギョウジャニンニク納豆を一面にかぶせ、その

ギョウジャニンニク。山菜の王様にふさわしい強い匂いと茹でたときのほろ苦さが印象的だ。おひたし、天麩羅、炒めものにして野趣が味わえる。

上に鶏卵の目玉焼きを一枚のせ、さらにそこに削った鰹節を撒《ま》いて出来上がりである。つまり丼の中は、下からご飯、その上にギョウジャニンニク納豆、その上に目玉焼き、その上に鰹節という段々重ねをしていき、最後に上から醬油をかけていただく。

丼を左手に持ち、右手に持った箸で端の方からごそっと崩して口にトロトロと啜り込む。すると口の中では、ご飯がギョウジャニンニク納豆のヌルヌルスベスベに包まれてテロンテロンとなり、ぬめってなかなか嚙めない。しかしなんとか嚙んでいくと、ご飯とギョウジャニンニクからの甘みと納豆のうま味がじゅんわりと湧き出してきて、そこに目玉焼きからの奥深いうま味とコクが重なり、さらに鰹節からのだしの利いた濃いうま味も参戦し、その全体を醬油のうまじょっぱみが囃《はや》すものだからたまらない。あとは無我夢中でその長い名前の丼を口にかっ込み、気付いてみると丼は恥ずかしそうに底をさらけ出すのである。

ギョウジャニンニクの四つめの楽しみ方は「糸引きギョウジャニンニク醬油」をつくることで、これも私の創作である。料理というよりは調味料だけれど、これこそ北海道の春の最大の楽しみのひとつなのである。ギョウジャニンニク一〇本を沸騰した湯にさっと二〇秒くぐらせ、それを葉と茎付きのまま、一升瓶の口から挿入する。次に長さ一〇センチ、幅一センチに切った糸引きだし昆布（真昆布でもよい）一〇本も同じ口から入れる。そこに醬油を口のすぐ下まで満杯に注ぎ入れ、瓶に栓《せん》をして置いておく。一〇日ほどして使うことができるが、その際は栓をよく押さえてから、瓶を上下逆さに振るようにして中のギョウジャニンニクと昆布、醤油を混ぜるようにする。これであとは醤油をさまざまな使い方で楽しむのである。

一升瓶から醤油差しに醤油だけを移すと、その醤油は昆布から出た粘質物のためにトロトロと糸を引く。また醤油には、ギョウジャニンニクの甘みや匂いが付き、さらに昆布からのだし味も付いていて、絶妙にうまい。まず納豆にこの醤油をかけ、よくかき混ぜてからご飯にかける。すると納豆のヌラヌラは昆布からのヌラヌラと合体してトロトロになり、そうでなくてもうま味の濃い納豆にギョウジャニンニクの甘みとニンニク系の匂い、昆布のだしが相乗し、そこにご飯の甘みも加わるのであるからたまらない。うまいは、ぬめるは、匂うはで、もう口の中は美味と匂いの大混乱。ギョウジャニンニクはたいした役者である。

この糸引きの醤油は、納豆にかけるほかに生卵かけご飯のときに溶いた生卵にかけてもうまい。また白菜漬けのような漬物にも合い、さらにパスタやチャーハン、餃子などの隠し味にもよく合うのである。そして一升瓶の醤油を全部使い果たすと、瓶の中にはギョウジャニンニクと昆布が残る。そこで一升瓶を逆さにして、箸を使って全部を引っ張り出す。そしてその醤油漬けのギョウジャニンニクを食品保存用のポリ袋（ノッチ付き真空袋）に移し、それを冷蔵庫に保存する。昆布は細かく刻んで納豆に和えると、ヌラヌラの納豆とトロトロの昆布との相性はよく、それをご飯にかけて食べるとぬめりがいいだけでなく、納豆にニンニクの匂いが付くので食欲も増し、その上うま味も倍加する。

一方ギョウジャニンニクの方は、私が東京に帰るときに持っていく。実は北海道ではカツオの刺身はほとんど食べないので、新鮮なものを手に入れることは不可能に近い。東京ならばデパートの地下食品売り場やスーパーマーケットでいつでも買える刺身なので、それの薬味に使うために持って帰るのである。私は太平洋に臨む福島県いわき市の隣町で育ったので、幼少のときからカツオの水揚げ量が全国のトップクラスの小名浜《おなはま》港のカツオをいつも食べていた。そのためこの魚の刺身が大好物なのである。東京の家に戻ると、すぐにカツオの刺身を買ってきて、それを醤油漬けギョウジャニンニクの葉に包んだり茎とともに食べる。すると口の中ではカツオの濃厚なうま味にギョウジャニンニクの匂いと甘みがのり、そこに滲《し》み込んでいた昆布のうま味も参入して、年に一度の「王道のカツオ食い」ができるのである。それにしても、一度この醤油漬けしたギョウジャニンニクの薬味でカツオの刺身を食べてしまうと、その香味の秀逸さは忘れることができず、この山菜には魔性の味が潜んでいるのではないかと思うほどである。

男の涙とヤマワサビ

北海道産の春の香辛料の代表は、何と言ってもヤマワサビ（山山葵）である。野山に一年中自生するが、雪の重さに耐えた春のヤマワサビは絶好の旬の味である。ふだん全国の鮨屋

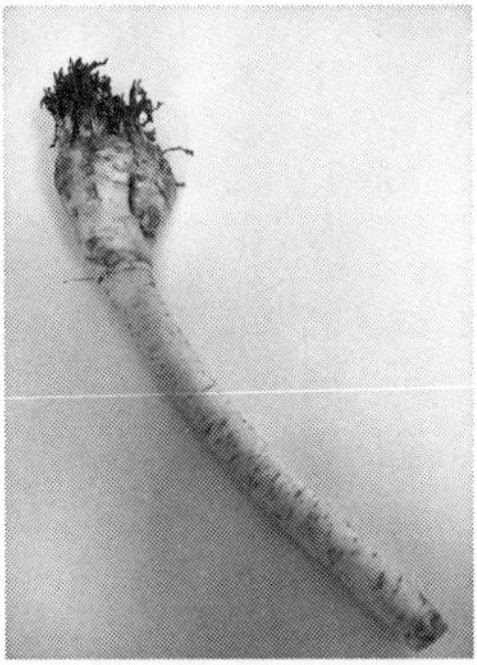

ヤマワサビ。このワサビのツン辛は大の男も涙にむせぶ。

などで見られるホンワサビ（本山葵）は、アブラナ科の多年草で、主として本州から四国、九州各地の谷間や清流域に自生している。そのためサワワサビともミズワサビとも呼ばれているのだが、北海道のものは同じアブラナ科の多年草でも、形も味も全く異なるもので、野山に自生するのでヤマワサビあるいは北海道呼称のアイヌワサビと呼んでいるのである。

　葉は濃緑色でちりめん状の皺《しわ》があり、根は淡黄色で長くて太く、ホンワサビの三～五倍はある。その根を擂《す》りおろしたものからは強い辛みと鼻を刺す刺激成分シニグリンが立ちのぼり、たちまちにして擂っている大の男たちを涙でむせばせてしまうのである。ところがその擂りおろしたヤマワサビには、驚くほどのうま味が宿されていて、初めて口にした人は大いに感激すること請け合いである。

　実はこの北海道ヤマワサビは、西洋ワサビと同種であって、サワワサビの代用品として粉ワサビやチューブ入りのワサビに用いられることを私は知っていた。けれども、厚真町《あつまちょう》や富良野《ふらの》市の田畑地や谷間、あるいは札幌市郊外の水田の畔《あぜ》で実際に掘り起こし、その生のものを擂りおろしたときのおいしさは、粉ワサビやチューブ入りワサビと比べ段違いの差を感じたのであった。

　とりわけ私が驚いたのは、擂りおろした真っ白なヤマワサビに醬油を数滴垂らしてから味わってみたときのことだった。それまでのうま味が突然に倍加しただけでなく、今度は辛辣《しんらつ》なほどの辛みに丸さが加わって、とてもマイルドな感じの香辛料に変化したのである。このとき生のヤマワサビは醬油と抜群の相性を持ったものであることを知って、以後私はそれを意識しながらこのワサビを大いに楽しんだ。

すなわち一番簡単なのは「ヤマワサビの醬油漬け」である。ヤマワサビ（一〇〇グラム）の皮を剝き、みじん切りにする。容器に醬油（大サジ三）、味醂（大サジ一）を合わせる。そこにヤマワサビを入れて混ぜ、ひと晩置いて使用するのである。冷蔵庫に入れておけば二週間ぐらいは軽くもつ。この醬油漬けにしたヤマワサビを温かいご飯にのせて食べると、鼻から抜けるツンツンとした刺激と舌に広がる絶妙の辛みが白飯の耽美な甘みと融合し、それを醬油と味醂の甘じょっぱさが囃し立て、箸は止まらずおかわり必至と相成るのである。

刺身にはいろいろあるが、ヤマワサビと最も合うのはイカの刺身だと多くの北海道の酔客は言う。それには私も全く同感で、イカ刺のトロリとした甘みとヤマワサビのパンチの利いたツン辛が醬油の仲立ちによって絶妙なご飯のおかずになり、粋な酒の肴《さかな》となる。とりわけ「ヤマワサビのイカ刺丼」は私の最も得意とするところで、イカ刺におろしたてのヤマワサビを和え、それに醬油を回しかけしてから丼飯の上にかぶせる。それをよくかき混ぜ、丼の中のイカ刺とご飯、ヤマワサビが均一の状態になるようにする。その丼の脇に熱々の番茶を添え、さていただく。丼を左手に持ち、右手に箸を持って、丼の縁《ふち》に唇を付けると、箸で一気に口の中へかき入れるのである。それを噛んだ瞬間、鼻孔からヤマワサビのツンツンとした辛い匂いが抜けてきて、一瞬うっとむせび、目にもチカッと刺激が来る。口の中ではイカのコリコリ、シコシコとした身から優雅な甘みと上品なうま味がチュルチュルと湧き出してきた。それをホクホクとした飯からの耽美な甘みが包み込んで、そこにヤマワサビのシャープな辛みと醤油のうまじょっぱみが絡んでくる。それをじっくりと咀嚼《そしゃく》しながら味わって顎下に呑《の》み下す。そこで熱い番茶をひと口ぐびーっといただくと、辛みの残っている口の中は、番茶の熱さで一瞬にして火事にでもなったかのように燃える感覚に陥るのである。

私が札幌にいるとき、よく行く鮨屋がある。西区八軒《はちけん》にある「ふじ寿司」という店で、なぜこの店が好きかというと、私の勝手気ままな注文を快く聞いてくれるからである。たとえば鉄火巻きはマグロの赤身を材料にするのだけれど、トロで巻いてほしいと言うと「トロ鉄火」を握ってくれたり、焼きアナゴとキュウリを細かく叩《たた》いて、それを軍艦に巻いて食べたいと言うと、たちどころに「アナキュウの軍艦巻き」をつくってくれたりということである。この鮨屋は札幌の中でもちょいと名の知れた名店で、とりわけババガレイ別名ナメタガレイ、ヒラメ、シャコ、貝類（ホタテ、アカガイ、ホッキ、ツブなど）などに定評がある。また小鉢ものでも「アンコウの肝和え」や「ゴッコの味噌汁」、「キンキの煮付け」などもうまい。

私はヤマワサビのおいしさに魅せられてからというもの、その鮨屋に行くと、最後は決まって「涙巻き、頼む！」と注文する。すると寿司職人の佐藤光明《さとうみつあき》さんは、「来たか！」とい

で長く巻いたものである。涙巻きとは、ヤマワサビを擂りおろしてそれを鮓飯《すしめし》の上にのせ、海苔《のり》で長く巻いたものである。なぜ涙巻きかというと、まず、ヤマワサビを擂りおろしていると
き、ヤマワサビからの刺激成分が直接目を襲ってくるので、たちまち目から涙がどんどんこぼれ出てくるからである。なにせヤマワサビはホンワサビよりも辛さが一・五倍から二倍強いといわれているので、涙が出るのも当然のことなのである。中には目を保護するために側面が顔面に密着するゴーグル（保護メガネ）をかける人もおり、さらに完全防御をするために両方の鼻の穴に鼻栓をした上で、口にもマスクをする人さえいるというから凄い。

また、ヤマワサビを擂りおろしているときだけではなく、海苔巻きにしているときにも容赦なくヤマワサビは襲ってくる。だが客の前で、ゴーグルをかけ、鼻栓をするわけにはいかないので、自然と涙を堪《こら》えながら巻くのである。つまり涙巻きとはそのようなことから出た言葉で、北海道の多くの鮨屋では、このヤマワサビ巻きのことを涙巻きと呼んでいるのである。

その涙巻き一本を干瓢《かんぴょう》巻きほどの大きさに切り分けて出してくれる。その一貫を指で挟み取り、チョンと醤油を付けながら口に運んで嚙む。すると鼻孔からツン辛がツンツンと抜けてきて、私の目からも涙が出そうになるのである。なんとか堪《こら》えて嚙んでいくと、口の中では酢飯の甘じょっぱみと海苔のうま味、ヤマワサビの辛み、醤油のうまじょっぱみなどが交じり合い、絶妙な巻き鮨を味わえるのである。それまでさまざまな魚介をつまんでは酒を

飲んでいたので、最後の涙巻きはとてもシンプルで、さっぱり感があり、大好きなのである。

春の北海道の味覚で、口福感を味わったものには、ほかに新ゴボウがある。北海道では四月から十一月までが栽培期間なので、冬期に蒔かれたものが育つ春に新ゴボウの収穫を迎え、また春に蒔かれたものは秋に収穫されるので、新ゴボウの時期は二度あるということになる。あるとき私は、帯広《おびひろ》市の古い蕎麦屋で春の新ゴボウを使った「ゴボ天蕎麦」を啜ったことがあったが、そのおいしさに感嘆し、いまだに忘れられない味となっている。

蕎麦つゆに浸《つか》った新ゴボウの天麩羅を食べると、ふわふわした衣の中の新ゴボウは歯に応えてコキリ、コキリとし、そこから驚くほど優雅な甘みが嚙むたびにチュルリ、チュルリと出てきたのであった。そして鼻孔からはゴボウを育ててきた豊饒たる土の匂いが微かに抜けて、新ゴボウに漲《みなぎ》る躍動体の全てを味わうことができたのである。天つゆもよく、また本場だけあって蕎麦も香り高く腰もあって、秀逸であった。それにしても、春の新ゴボウがあんなに優雅な甘みを持っていたのには驚かされたものである。

第3章　春の料理は心をくすぐる

春の北海道を代表する食材として、第1章では魚介類、第2章では山菜、野菜類について述べてきた。この章では、私が食べてきた春の北海道ならではの料理を取り上げることにする。

トロリとやさしい「ニシンの切り込み」

第1章でも述べた通り、北海道の春告げの食材の代表は何と言ってもニシンである。そのため、この魚を使った料理は大変多く、焼く、煮る、巻く、醸すなど、食べ方も多彩である。私が食べてきただけでも、ニシンの塩焼き、ニシンの煮付け、ニシンの昆布巻き、ニシンの擂《す》り身の味噌汁、ニシンの酢漬け、ニシンの蒲鉾《かまぼこ》汁、ニシンのぬた、身欠《みがき》ニシンの煮付けなど枚挙に暇《いとま》がないほどである。ここでは、私が学問的に専門にしている発酵学の視点から、醸して食べるニシン料理や食べ方について述べることにする。そこからは、北海道の人たちの驚くべき知恵と豊かな発想を垣間見《かいまみ》ることができるのである。

生のニシンを、自然界に生息している乳酸菌や酵母で発酵させて食べる方法は北海道では非常に多い。発酵させることは、冷蔵庫のなかった時代の保存法で、それによって保存できるだけでなく、うま味や匂いといった風味を付けることができ、さらには必須《ひっす》アミノ酸類やビタミン類といった人が生存するのに不可欠な生理活性成分も付与することができるのである。

新鮮な生ニシンの皮付き肉身を細かく切り、塩、米、麹《こうじ》、ニンジン、ダイコンなどとともに数日間漬け込んで茶請けにするような早熟《はやなれ》発酵もあれば、数ヶ月あるいは一年近く発酵させた本熟《ほんなれ》発酵もある。ここでは時間をかけて発酵と熟成をじっくりと行う後者について述べることにする。

まず「ニシンの切り込み」である。新鮮なニシン五〇〜六〇尾の腹を裂いて内臓を去り、頭を切り捨て、身を丸ごと二分《ぶ》（約〇・六センチ）ぐらいの厚さに輪切りし、樽《たる》に入れて流水に晒《さら》すか、水を何度も取り替えて三〜四日続け、血の赤みが取れたら、樽に落とし蓋をしてから台の上に逆さまに置き、底に重石《おもし》を置く。そして逆さまに置いた樽の上にも重石を置くと、「逆さ重石」となって魚汁を搾り取ることができる。一斗樽に水を搾り取った約五〇尾分のニシンを入れ、ニシンの重量の一割塩と同じく一割の米麹を混ぜ合わせ、押し蓋をしてからその上に重石をかける。二週間もすると上部に脂が浮いてくるので、これをこまめに取り除く。一ヶ月ほどしたら樽の中身をかき混ぜて、空気を抱き込ませるようにする。このとき少し短めの輪切りにした赤唐辛子を入れる。こうしてあと二〜三ヶ月発酵させ、仕込んで三〜四ヶ月すると塩なれしてとてもおいしく食べられる。

私はこの「ニシンの切り込み」が大好きで、札幌にいるときはよく食べる。発酵が長いだけニシンの身はトロトロに柔らかくなり、塩角《しおかど》も取れ、麹の甘さとニシンのうま味とが重なり、酒の肴にもよいが、北海道の年配者たちは茶請けで賞味する人も少なくない。

「スシニシン」に知恵を見る

「スシニシン」は春の新鮮なニシンを使ってつくる保存食である。「スシ」と言っても米や飯を使うのではなく糠漬《ぬかづ》けニシンのことである。魚をこのように発酵させたものを「鮓《すし》」ともいうのでこの名が付いている。生きのよいニシンの頭と内臓を取り除き、血合いもよく取り、洗った後に水を切る。その空洞になった腹に塩糠（塩が一、糠が三の割合で混合したもの）を詰め、樽の底に背と腹を合わせるように平らに並べる。その上に塩糠を厚めにかぶせ、このような手順でニシンと塩糠を重ねて漬け込んでいって樽いっぱいになるまで入れる。樽に蓋をして重石をのせて発酵開始。一週間経《た》ったら重石を増して樽が壊れるほど重くする。こうして四月頃漬け込んだのは九月頃には食べられる。納屋などの涼しいところに保存すると二年以上も保存できる。

私はこの「スシニシン」を、長年にわたって家庭用につくっている漁師さんの家で見せてもらい、また食べさせてもらった。そのときの発酵学者としての衝撃の感想を以下に述べる。まずこの発酵ニシンは、数年間貯蔵しながらいつでも利用できることに感心した。漬け上げて約半年を過ぎると食べられるが、そのように若い発酵ニシンは焼いて食べるというのが面白い。だいたい、野菜類でも魚でも一度発酵したものはそのまま食べるのが常識であるけれど、「スシニシン」は焼いて食べるという点が変わっている。私は半年過ぎたものを焼いてもらって食べたところ、驚きはその味と匂いであった。主として耐塩性乳酸菌と耐塩性酵母(塩の存在下であっても生育、発酵できる乳酸菌と酵母、すなわち味噌や醬油を発酵するときと同じ菌)で発酵したものであろうが、ニシンを見事に発酵させていた。そのため、生のニシンを焼いて食べたときとはまるで違っていて、実にうま味と酸味が濃く、塩も角《かど》が取れておだやかになっていた。そのためほんの少し箸で身をほぐし取ってご飯の上にのせただけで、もう他のおかずなど無用となり、それだけで何杯もご飯が食べられた。また、発酵によって生じたさまざまな微量成分が、焼くことによって成分変化を起こし、食欲をそそる香ばしい匂いを発生させるので、私はその匂いだけをおかずにして飯が食えるのではないかと思ったほどであった。

また長期間発酵した「スシニシン」は、焼かずにそのまま箸でむしり取り、塩辛のようにしてご飯のおかずにするのであったが、これがまたとてつもなく食欲を惹起《じゃっき》させる優れものであった。そして、長期間発酵させた「スシニシン」は、そのまま食べるだけでなく「飯《い》鮓《ずし》」（五六〜五九頁）をつくる材料にしたり、「三平汁《さんぺいじる》」（一六五〜一六九頁）の味付けに使うなど、二次的利用も行われているのに感心した。

そして、さらに興味がそそられたのは、魚を搾るときや発酵したときに出るしょっつる（塩魚汁）の利用法である。「ニシンの切り込み」をつくる際にも、この「スシニシン」をつくるときにも、出てきた汁は決して捨てずに再利用していることである。貴重な塩が含まれているので、捨ててしまうのはもったいないだけでなく、せっかく魚体からうま味成分が出てきたのであるから、これも利用しようと考えたのであろう。

そのしょっつるは樽に貯《た》めておき、そこに加工や料理に使ったニシンやホッケ、ハタハタ、タラ、カレイなどの内臓を含む粗《あら》を入れてさらに発酵させるのである。もちろん薄まった塩も補給して発酵を続ける。一年もすると、内臓や骨が溶けてきて、トロトロ、ビジャビジャとした液状になってくるから、必要なときそれを布で濾《こ》せばおいしい魚醬《ぎょしょう》になる。これで野菜を煮たり、鍋の味付けにするのである。このしょっつるについて松浦武四郎《まつうらたけしろう》（江戸末期から明治初期にかけて蝦夷地《えぞち》を探査した探検家で、「北海道」の名付け親）は『再航蝦夷日誌《さいこうえぞにっし》』に

「此地《このち》にて三平汁と云《い》ふものを煮る也《なり》。此羹《このあつもの》曽《かつ》て味噌醤油を用ゆること無く、只其鯡《ただそのにしん》の塩漬の切込《きりこみ》、其汁《そのしる》にて野菜を煮て用ゆ」と記述している。

麗しき「サクラマスの飯鮓」

春はサクラマスのシーズンでもある。北海道では渡島《おしま》半島周辺や室蘭、苫小牧《とまこまい》あたりの沿岸でよく釣れるというので、春になると釣り人たちで賑《にぎ》わう。私はあるとき、友人の加藤信也さんに案内してもらって岩内町《いわないちょう》、寿都町《すっつちょう》、せたな町《ちょう》周辺でサクラマスを釣っている人たちの風景を見学に行った。平日であるにもかかわらず、砂浜や防波堤の上では多くの釣り人がサクラマスを狙《ねら》って釣っていた。

私たちはその帰りに、「北緯43度」という風変わりな店名の土産物《みやげもの》店兼レストランに立ち寄った。岩内町にあるこの店は加藤信也さんの友人の青山勝憲《あおやまかつのり》さんが支配人をしている有名な店で、珍しい魚の加工品や土産を多く扱っており、行列ができる魚の定食も備えている。店内は明るく大きく、御当地の新鮮な魚や干物、加工品（イクラや筋子《すじこ》などの魚卵、練りウニやウニ缶、海藻、糠鰊《ぬかにしん》、飯鮓《いずし》、メフン、ルイベなど）が所狭しと並べてあって、どれもすばらしい品ばかりで感激した。その中に「サクラマスの飯鮓」（五〇〇グラム）がきれいな箱にパックされて売られていた。飯鮓とは、魚と野菜をご飯とともに発酵させた熟鮓《なれずし》の一種で、北

サクラマス。ヤマメはサクラマスの河川残留型（陸封型）だが、サクラマスは太平洋北部に分布して大型化する。塩焼き、煮物、冷凍後の刺身などで賞味される。

海道ではサケ、ホッケ、ニシン、ハタハタ、カレイ、イカなどでもつくる。そのサクラマスの飯鮓がおいしそうだったのでそれを一箱買ったとたん、頭に野球帽をかぶり、前掛けをし、ゴム長靴を履《は》いたおじさんが私に声をかけてきた。「それ私がつくった商品です。お買い上げありがとうさん」と言う。あまりにも偶然なので話を聞いてみると、この近くで小さな食品加工会社をしている御主人で、商品を納入しに来たところだということであった。私は、これはチャンスとばかりに、時間が許せば「サクラマスの飯鮓」のつくり方を簡単でよいから教えてもらえないかと言うと、立ち話ではなんだからと、店の事務所の隅の方に行き、そこにあった椅子《いす》に腰をかけ、話を聞くことができた。話によると、北海道では飯鮓を正月によく食べるので秋から冬にかけてつくるのだそうだが、サクラマスやニシン、ホッケは漁期の春につくるのだという。

　そのつくり方もメモしてきたところ、あらまし次の方法だという。サクラマスを樽に入れ、たっぷりの塩をかけてから押し蓋をして重石をかける。

すると魚から水が上がってくるが、これを「どぶ汁」という。その汁は取らずにそのままぶ漬けの状態にしておく。夏を越して秋口に入ったら、どぶ汁からサクラマスを取り出し、別の樽に移して朝夕三日間、きれいな水に取り替えながら水出しを行う。こうすると塩や皮に付いているヌラヌラ（脂肪）も取れる。この水出しが飯鮓づくりの最も肝心なところで、出来上がった鮓の良し悪《あ》しを左右するという。三日間水出しを行ったサクラマスは水をよく拭き取り、三枚におろし、おろし身を食べやすい大きさに切り分ける。ダイコン、ニンジン、キャベツは食べやすい大きさに切り、ニンジンと生ショウガは千切りにする。ご飯は通常よりも硬く炊き、冷めてから酒と砂糖を加え、パラパラにほぐしておく。二斗樽を用意し、一番下に野菜を敷き、その上にサクラマスを並べる。そこにご飯をのせ、その上に野菜をのせ、またその上にサクラマスをのせと、これを順々に繰り返して樽いっぱいに漬け込んでいく。一番上に押し蓋をし、上に総材量の二倍ぐらいの重さの重石をかけ、その上をゴミやホコリが入らないように新聞紙かシートで覆《おお》い、こうして二〇日から一ヶ月間発酵させ、出来上がりである。樽から取り出すときは、樽を逆さにして下と上に重石を置く「逆さ重石」をして水気を切る。

その食品会社の主人は、企業秘密なので原料の使用量は勘弁してくれと言ったが、それは当然である。大変親切に教えてくださったので、私は札幌の友人たちへも土産を買っていくことにしてあと三箱、都合四箱買って帰った。そして家に戻ってからその「サクラマスの飯鮓」がパックされた箱を開け、白磁の皿に取り出してみてその麗《うるわ》しさに息を呑んだ。サクラマスは薄く大きめに切られていて、肉身は澄んだ緋色であった。その身には皮が付いていて、白銀色の光沢を放ち、そこに飯の純白、ニンジンの赤身を帯びた黄色、ダイコンの白、キャベツの淡い黄緑色、ショウガの淡黄色が彩りの華やかさを添えていた。

それでは食べてみましょうと、まずサクラマスを一枚取って食べた。瞬時に蒸れたような発酵香が鼻から抜けてきて、サクラマスは歯に応えてムチリ、シコリとし、そこから優雅なうま味とコクがチュルチュルと出てくる。飯も発酵によってよく熟《こな》れていて、そこから微かな甘みと爽《さわ》やかな酸味が湧き出してきた。それらの味をショウガのピリ辛がときどき囃し立て、実によくできている鮓だと思った。

私の備忘録から、春の北海道で食べた発酵関係以外の主な料理を拾い出してみると次のようなものがあった。ニシンの擂り身の汁（浜益《はまます》）、ニシンの昆布巻き（札幌）、ガラの煮付け（八雲）、ホタテのバター焼き（伊達）、ネマガリタケとニシンの煮付け（浜益）、フキと油揚げの煮付け（旭川）、トキシラズの塩焼き（浜中《はまなか》）、チカの焼き干（網走）、サメのぬた（網走）、タラ汁（留萌）、呉汁《ごじる》（滝川《たきかわ》）、そして行きつけのふじ寿司の「春の握り」（北海シマエビ、エゾアワビ、アカガイ、シャコ、北海アマエビ、ホッキガイ、マグロ、サクラマス、ババガレイのエンガワ、ヤリイカ、ミズダコ）。

II　夏の味覚

第4章　銀鱗飛び交う北の海

北海道の夏の海には、北のアリューシャン列島やオホーツク海から南下してくる魚と、南から黒潮を越えて北上してくる魚介が交叉《こうさ》して、豊かな漁場の海域ができる。魚の動きも最も躍動的となり、多種の魚介が水揚げされ、旬の味としていただくことができるのである。この章では夏の季節に旬を迎える北海道ならではの魚介類を取り上げ、道内各地で舌を踊らせてきた私の食体験談を披露することにする。

「海のルビー」の北海シマエビ

北海道に夏の到来を告げるのは、打瀬舟《うたせぶね》漁で知られる「北海シマエビ」である。毎年六月中旬に解禁され、その様子はテレビのニュースで全国に発信されるのでよく知られる光景である。その最も有名な漁場は道東の野付《のつけ》郡別海町《べつかいちょう》尾岱沼《おだいとう》。尾岱沼という名前から沼の漁であることを想像してしまうかもしれないが、実は別海町沿岸の海で、尾岱沼というのは市街地の地名である。

その北海シマエビを獲《と》る漁法は、打瀬舟と呼ばれ、白い三角帆を張って風の推進力を受けて進む舟で行われる伝統的な漁法である。この尾岱沼の打瀬舟は、北海道遺産にも指定されていて、浅い海底の海藻《かいそう》を傷つけにくく、自然と環境にやさしい漁法なのである。北海シマエビは、北海道からサハリン（樺太《からふと》）、千島《ちしま》列島にかけて分布する寒海域のエビで、体長一〇〜一三センチに達する。浅海のアマモ（甘藻）の茂った場所に多く生息し、緑褐色の体色と淡黄白色の縦縞《たてじま》がカムフラージュとなっている。

このエビは、雄性先熟《ゆうせいせんじゅく》という非常に面白い性転換を行い、体長九センチ以下は全てオスで、その後メスに性転換する。したがって九センチ以上のエビは卵を胴殻《どうがら》部に付着させていて、一尾の抱卵数は三五〇〜五五〇粒ほどである。体に縞模様があるのでシマエビと呼ばれているが、このエビを茹《ゆ》でると鮮やかな赤色に変わることから「海のルビー」とも呼ばれ、とても稀少《きしょう》なエビとして珍重されている。

私は北海道庁から名誉フードアドバイザーという称号をいただいているので、別海町には何度も行っている。町の面積は日本でも三番目に広く、平野部は酪農、本別海《ほんべっかい》や尾岱沼等の沿岸部は漁業（サケ、コマイ、ホッキ、ホタテ、北海シマエビなど）が盛んなところである。

北海シマエビ。「海のルビー」と呼ばれるほど鮮やかで美しい赤色の美味エビだ。体に縞模様があり、水揚げ後、すぐに浜で塩茹でされる。子（卵）を抱いているものは特に珍重される。

ある六月末の清々《すがすが》しい風の吹く頃、北海道庁農政部食の安全推進課の職員に案内されてその別海町に行くと、なんと都合のよいことに北海シマエビの打瀬舟漁が行われていた。陸から見るとおよそ一キロメートル先に、何艘《そう》もの打瀬舟が真っ白い三角形の帆を張って、移動しながら漁をしている。広大な碧《あお》い海に小さく動く白い帆掛舟《ほかけぶね》の姿はとても幻想的に見えた。

獲ったエビは新鮮なうちに加工所に運ばれ茹でられる。私はそこを見せてもらった。大きな釜《かま》や冷却用ドームなどが備えられた極めて清潔な加工工場で、エビが茹でられ、冷却され、箱にきちんと並べて詰められ、冷凍される工程が見事に整えられていた。茹で上がったエビは、全て腰を曲げて「つ」の字の形をしており、背の方は鮮やかな朱色、脚や腹側はやや黄色を帯びた茜色《あかねいろ》で、艶々《つやつや》と光り輝き、まさに「海のルビー」というにふさわしい美しさであった。

茹で上がったばかりの数尾を試食させてもらった。その一尾を手に取って、頭部の殻をクルリと剝《む》くと山吹色《やまぶきいろ》のエビみそがべっとりと付いている。まずそこをペロペロ、チュウチュウと舐《な》めたり吸ったりすると、そのエビみそから濃厚なうま味とじっとりとした感じの甘み、そしてコクが口中に広がる。次に腹脚に抱卵されている赤黄色の卵に唇を付け、そのあたりをごそっと吸うようにして口に入れて噛《か》むと、卵は歯に応《こた》えてプチプチと弾《はじ》け、そこからやや塩味のついたうま味がチュルチュルと出てくる。では身の方に移りましょうかと、殻を持ち上げるようにしてパカッと開けると、意外に殻は脚付きのままスルリと剝けた。とたんに殻から現われた身の美しさにも息を呑《の》んだ。真っ白の肌に朱色の横縞模様が尾から頭の方に向かって何本も入っている。歌舞《かぶ》伎《き》の隈取《くまど》りの雰囲気を匂《にお》わせる粋姿《いきすがた》に思えた。それを口に入れてムシャムシャと噛むと身は歯に応えてポクポクとし、そこから優雅で濃厚な甘みと、上品でやさしいうま味とが湧《わ》き出してくるのであった。帰りにその加工所で北海シマエビを一箱買い、その夜は宿でそれを肴《さかな》にして味覚極楽を決め込んだ。

ウニの紅白味合戦

夏の北海道の超人気魚介は何と言ってもウニ（雲丹）である。解禁は六月から八月までで、まさにこの時期に北海道ではおいしいウニが大いに食べられている。有名な産地のひとつに西海岸地方の積丹《しゃこたん》エリアがあり、古平《ふるびら》から積丹町の美国《びくに》地区、神威《かむい》岬余別《よべつ》にかけての海岸道路（国道二二九号で、日本海追分《おいわけ》ソーランラインとも愛称される）にはあちこちにウニを食べることのできる海鮮食堂や漁師直営のウニ食堂などが点在しているのである。それらの店では、前浜《まえはま》の磯《いそ》で獲れたばかりのウニを丼飯の上にてんこ盛りして出してくれる「ウニ丼」が最も有名で、非常に人気がある。札幌から余市町《よいちちょう》まで高速道路が直結していて、約一時間で行け、余市からは前述の海岸道路で約二五分で積丹町に着く。つまり大都市札幌から約一時間半で新鮮なウニ丼にありつけ、そして雄大な積丹半島の絶景が見られるというので夏のシーズンは観光客が絶えない。

この積丹エリアのウニはエゾバフンウニとキタムラサキウニである。エゾバフンウニは殻に密生している棘《とげ》が短く、丸いボール形をしているのに対し、キタムラサキウニは針のような長い棘が密生していて、その違いは歴然である。積丹エリアで海鮮食堂に入ると、ウニ丼のメニューには「赤ウニ丼」と「白ウニ丼」、「赤白ウニ丼」の三色に分けられている。「赤ウニ丼」は、ウニの卵巣が美しい赤銅色《しゃくどういろ》あるいは茜色のように赤っぽい色をしているバフンウニの丼、「白ウニ丼」は黄色みが強いキタムラサキウニの丼、「赤白ウニ丼」は両方のウニが半々にのせられている丼である。

私は用事があって岩内町《いわないちょう》あたりに行った帰りは、余市に早く着く近道の山越えをせず、わざわざ遠回りして神威内《かむいない》経由で海岸線を走り、途中積丹町でウニ丼を食ってから余市に出て札幌に戻ることにしている。実はあるとき、よほどの空腹時に積丹町でウニ丼を食べたことがあった。すると、あまりのおいしさにこの世のものかと思うぐらい感動して貪《むさぼ》るようにして食べたのである。ところがその後どういうわけか、札幌にいるときには別段ウニ丼を意識して食べたいとは思わなくなってしまった。どうやら積丹のウニ丼は味や香り、色彩が私にとってあまりにもすばらしすぎて、他のウニ丼は意識にすらのぼらなくなってしまったのだろう。

その積丹でウニ丼を食べるときは、いつも「赤白ウニ丼」を注文する。すると丼のちょうど真ん中から半分が赤ウニ、半分が白ウニで、その中間の境界線をオオバ（青紫蘇《あおじそ》）の葉が仕切っている。そして、そのオオバの葉の脇《わき》には鮮やかな黄緑のおろしワサビが添えられていて、色彩感覚まで整った豪華な丼である。

そして丼と箸《はし》を持ち、唇をまず白ウニ側の丼の縁《ふち》に付け、ウニだけをトロトロトロと静かに吸い込む。とたんに口の中にはウニの濃厚な甘みとうま味、コクが広がって、鼻孔からは磯の香りが抜けてくる。その味をしっかりと堪能《たんのう》してからコピリと呑み込み、次に赤ウニ側の縁に口を付け、またもやトロトロトロと一心に啜《すす》り込む。すると今度は、もっと甘みとうま味とコクが濃いウニの味が口中に広がる。これもじっくりと味わってからコピリと呑み込む。ここでお吸物をひと口入れて口をさっぱりとさせてから、今度は飯とともに白ウニを味わい、次に赤ウニと飯を賞味する。とにかくこうして、エゾバフンウニとキタムラサキウニを食べ比べすると、その妙味の違いがはっきりとわかるのである。赤ウニは甘みとうま味が濃厚で、口の中にその味がいつまでも残っていて個性的である。これに対し白ウニはうま味も甘みもやや淡白なのだけれど、非常に上品な味わいがするのであった。ちなみに積丹で獲れるウニはその九割がキタムラサキウニで、たったの一割しかエゾバフンウニは獲れない。したがって「赤ウニ丼」の方が「白ウニ丼」よりも値段はやや高い。

「カスベ」にぞっこん舌ったけ

七月から九月にかけては、カスベの美味期である。正確にはガンギエイ（雁木鱝）というエイのことで、北海道では「カスベ」と呼んで珍重されている。体長七〇センチほどで底曳《そこび》き網で漁獲され、煮付けや干物、練り製品の材料として食べられている。「カスベ」の語源が面白い。本来エイはアカエイが最も美味で、ガンギエイはアンモニアの臭みが強いので昔はあまり食用にされなかった。そのため魚のカス（滓）扱いされていて、獲れるたびに「また滓兵衛《かすべえ》が来た」などと見下されていたということであった。

ところが今は、その独特の個性が逆に好まれ、さらに臭みの取り方などの調理法が確立されてきたので、おいしく料理できるようになり、多くの酒客から愛されるようになった。

ところで私は、しばしば旭川《あさひかわ》市に行くこともある。それは市内にある名醸蔵元の男山《おとこやま》酒造へ日本酒や発酵技術の指導に行ったりするからである。そして仕事が終わって夕方からは、旭川駅に近いすばらしい二軒の居酒屋で一杯ひっかけて札幌に帰ることにしている。午後五時半に店に入り、午後八時ちょうどの特急「カムイ46号」に乗ると、午後九時二五分にはもら札幌に着く。すなわち、たっぷり二時間はその居酒屋で食事ができるというわけである。その一軒は「大舟《おおふな》」という店で、ここは居酒屋の雰囲気が芬々《ふんぷん》と漂う古い店で、海の幸から陸《おか》の恵みまで、ありとあらゆる北海道の材料を使った料理を満喫することができる。あと一軒はその名もズバリ「かすべ」という居酒屋である。ここも「大舟」同様に名店で、店の名前は「かすべ」だがカスベばかりを食べさせるのではない。北海道の新鮮な魚介をふんだんに用意しているので、北海道魚三点の刺身盛り、開きホッケ、みそホッケ、焼き宗八《そうはち》カレイ、

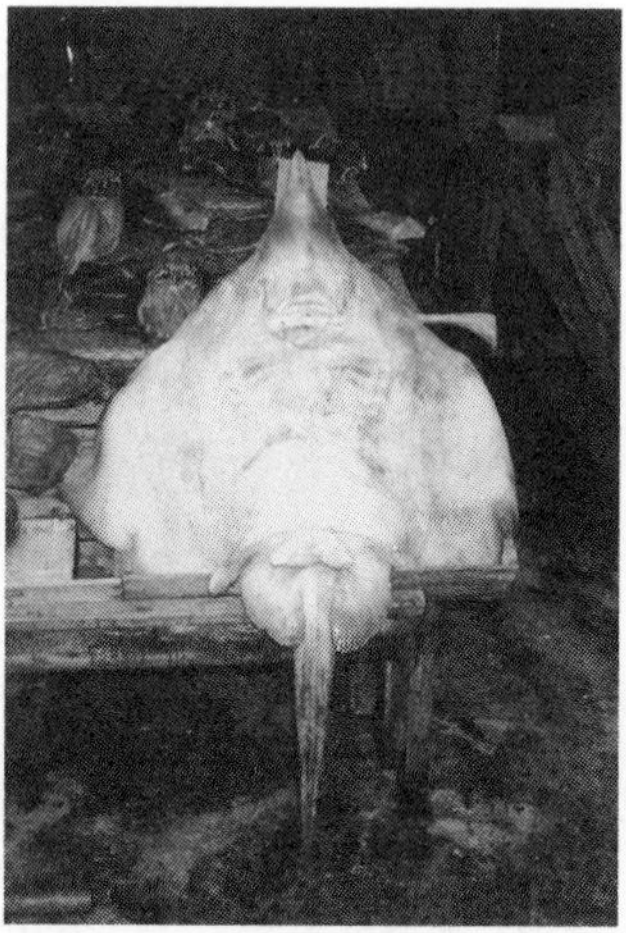

根室のエイ。北海道ではこれを焼いたり、煮たり、唐揚げにして食べる。

エイの切り身。カスベともいい、一夜干しにして焼いたものは極めつきの酒肴である。

身欠《みがき》にしん、コマイ、銀ダラ、キンキなどがおいしい。

しかし、何と言っても店の名が示す如《ごと》く、ここの名物はカスベの料理だ。私がここに行くと、真っ先に注文するのが鰭《ひれ》を煮付けた「カスベの煮付け」（煮こごり付き）と「カスベの一夜干し」である。カスベの鰭の煮付けの美味なことといったら只事《ただごと》ではない。放射状に広がる軟骨にしっとりと肉身が付いていて、それを酒と醬油、味醂《みりん》などで甘じょっぱく煮付けたものである。それを箸でむしり取り、口に入れて噛むと、まず軟骨が歯に当たってコリリ、シャリリとし、そこから、妙な甘みが出てくる。肉身の方はホコホコとしていて、そこから軽快なうま味と甘みが出てきて、それを煮ダレの甘じょっぱみが包み込む。そしてときどき鼻孔から微《かす》かなアンモニアの匂いがしてきて、それが野趣をほのめかせてくれる。その煮付けに付いてくる煮こごりのなんと神秘的なことか。カスベから煮出されてきたゼラチンは、やや濃いめの琥珀色《こはくいろ》でブヨヨンと柔らかく固まり、一点の曇りもなければ濁りもなく、澄みわたっている。それをスプーンで掬《すく》い取って口に入れると、煮こごりは、あれれーっと声を立てる間もなく溶けていってしまい、口の中にはカスベのうま味と甘み、煮汁のうまじょっぱみ、そしてトロトロとしたコクが残るのである。酒の肴にカスベ料理をじっくりと味わい、最後に温かいご飯にその煮こごりをかけて食べるのも楽しみである。ご飯にのせたとたんに煮こごりは、またもやあれれーっと声を出すより早く溶けていってしまい、飯粒を淡い琥珀色に染めていく。それをガツガツガツと貪りながら口にかっ込む痛快さとおいしさは、子供のときと何ら違《たが》わず、幾つ歳《とし》を重ねても煮こごり飯は永遠である。

「カスベの一夜干し」も酒の肴には絶好で、とりわけ最初のビールのつまみには贅沢《ぜいたく》すぎるほどの肴となる。カスベの一夜干しというと、たいがいの人は薄いエイの身をパリパリに焼いて食べることを想像したり、乾きもののつまみとして駅の売店あたりで売られている味醂干しみたいなものを想像したりするであろうが、それは全くの間違いである。「かすべ」の店で味わえる「カスベの一夜干し」は、小学生の握り拳《こぶし》ぐらいの厚さと大きさのあるエイ鰭肉の塊で、指先で押すとムッチリと弾み返してくるほどのものである。肉付きのいいカスベの鰭を切り取り、それをひと晩風に当てて干しただけの干物なのだけれど、これを焼いて食べると仰天するほどうまい。

その焼きたてを手に持って、まず左右に引くようにして裂き、その裂け口のところをさらに軟骨に沿って縦に裂いて食べる。すると鼻孔から表面が焦げた香ばしい匂いが抜けてきて、口の中では軟骨のコリコリ、シャリシャリとする歯当たりの中から、肉身のホコホコ、ムチムチとする歯応えも出てきて、そこからやや甲《かん》の高いシャープなうま味と、微かな甘みが湧き出してくる。そして、それをムシャムシャと噛むたびに、鼻孔からは今度はほんの微かにアンモニアの匂いが抜けてきて、これが意外なアクセントになって、どんどんカスベに引き込まれていくのである。

昆布と「かしいた」

国内産の昆布の九五パーセントが北海道産である。その昆布の旬は七月、八月、九月の真夏。この時期に採取し、夏のぎらつく太陽の下でじっくりと時間をかけて干し上げ、うま味成分を濃縮していく。北海道では、昆布の採れる地域によって名称を異にし、最北の稚内《わっかない》地方の利尻島《りしりとう》や礼文島《れぶんとう》のものは「利尻昆布」、道東の羅臼《らうす》や知床《しれとこ》半島のものは「羅臼昆布」、同じ道東の根室《ねむろ》から釧路《くしろ》にかけてのものは「長《なが》昆布」と「厚葉《あつば》昆布」、道央の室蘭《むろらん》から襟裳《えりも》岬にかけてのものは「日高《ひだか》昆布」、道南の函館《はこだて》や噴火湾のものは「真《ま》昆布」と「がごめ昆布」、留萌《るもい》周辺の西海岸地方のものは「細目《ほそめ》昆布」である。

産地と昆布の種類によって用途も値段も変わってくるので、それをよく知っておくと役に立つ。よく知られているのが利尻昆布で、最北の宗谷《そうや》岬を中心に収穫され最高級の昆布とされている。繊維質が硬く、だしが濁らず、味も極上とされ、宗谷岬周辺のものを「地方《じかた》」、利尻島、礼文島で収穫されたものを「島物《しまもの》」と呼び、とりわけ島物は透明で上品なだしが取れ、島物を上浜《じょうはま》、地方を並浜《なみはま》と分けている人もいる。礼文島には二ヶ所、利尻島には四ヶ所の収穫浜があり、その中でも礼文島の香深浜《かふかはま》を「別格浜《べっかくはま》」と呼び、昔から極上級利尻昆布の産地として有名である。

函館を中心として収穫される真昆布も高級品として取引される。利尻昆布と同じく透明感があり、上品なうま味のだしが引けるから人気がある。やや繊維質が柔らかいことから、だしを取るだけでなく高級な煮昆布としても関西方面では特に人気が高い。

日高昆布は肉厚で繊維質が柔らかいため煮上がりも早く、高級煮昆布として昔から人気のある昆布である。正月用の昆布巻きに欠かせない昆布で、煮しめ、おでんの具などに喜ばれている。羅臼昆布は幅の広い昆布で濃いコクのあるだしが特徴である。そのため蕎麦《そば》やうどんのつゆに重宝されたり、昆布だしの素《もと》や煮昆布など幅広く使われている。長昆布はだしには向かないけれど、柔らかく仕上がるので佃煮《つくだに》昆布や昆布巻きなどに使われている。細目昆布は細目の葉形で粘《ねば》りが強い昆布である。そのため、とろろ昆布の材料などに利用されている。

北海道庁農政部の仕事で日高の浦河町《うらかわちょう》に行き、その日はその町の古い旅館に泊まった。翌日の朝、朝食が用意されたというのでその部屋に行くと、もう何人かが食事をしていた。私も席に着くと、係のおばちゃんがご飯茶碗《ぢゃわん》に飯を盛ってくれた。それを受け取ってよく見ると、炊き込みご飯であった。やや淡い緑色を帯びた飯の中に緑色と赤色の、細い糸のようなものが炊き込められている。そのモスグリーンのご飯と緑と赤の細糸がなかなか粋で美しい。私が何の炊き込みご飯かと聞くと、おばちゃんは「昆布飯だね。昆布とニンジンで炊いたのさ」と言った。そうか、今は夏昆布の旬だったなあ、なんて思いながら、その炊き込みご飯を食べたところ、実においしいのである。まず匂いを嗅《か》ぐと、干した昆布から出る太陽の匂いの日向香《ひなたか》と、潮の匂いがしてきて、それが飯の甘ったるい香りと混じり合って食欲をぐっと引き立たせる。

食べてみると飯の甘みと昆布のうま味、そして炊き込みのときに使ったのであろうだし汁のうま味が、ちょうど調和がとれて炊き上がっている。私はそのおいしさにつられて朝から三杯ものご飯を食べた。

宿を後にするとき、その炊き込みご飯のつくり方を聞くと、厨房《ちゅうぼう》にいた御主人らしき人が「ちょっと待ってて、今書いてやりますから」と言い、帳場で書き事をして戻ると、小さなメモ用紙を私に渡してくれた。そこには「家でつくるなら、米三合を洗って三〇分間水に浸し、笊《ざる》に上げておく。昆布は三〇センチぐらいのものを水で戻して細かく糸状に刻み、ニンジン一本も千切りにする。炊飯器に米と昆布とニンジンを入れて、ご飯三合を炊く水の量と同じ量のだし汁を加え、そこに砂糖小サジ一、塩小サジ二、醬油小サジ一を加え、スイッチオンして下さい」と書いてあった。

それから何日か過ぎて、私は札幌の家でそのレシピ通りに昆布飯をつくってみた。すると、その味は浦河で食べたものに近いものができた。使った昆布は違うし、大きな釜と電気炊飯器とでは違うので、全く同じものは無理であったが、しかしそのご飯には、浦河の旅館の主人の温《ぬく》もりのようなものを感じ取れたのであった。

北海道の昆布といえば、小学校時代に函館の昆布の思い出がある。私の実家は造り酒屋で、酒造りの期間中は大勢の人が出入りする。大量の味噌が必要になるので、自家製の味噌を毎年仕込む。酒蔵の杜氏《とうじ》さんたちが、酒造りが終わって故郷に帰るとき、次の年のために味噌も仕込んでいくのである。大豆と麴《こうじ》は我が家で提供して、味噌づくりは蔵の人たちが行う。その帰り際に、味噌桶《おけ》に味噌玉（煮た大豆を潰《つぶ》して丸めたもの）と米麴、塩を加えて混ぜて仕込み、蓋《ふた》をしてから、それぞれの地元へ帰っていった。

話はそこからで、私のおやじはなかなか頭のいい人だった。杜氏らが帰る日を知っているから、彼らが帰った後を見計らい、毎年北海道の函館から大きな真昆布を取り寄せた。およそ六〇本ぐらいはあっただろうか。長くて幅があって真っ黒な立派な真昆布だった。その昆布を味噌桶の味噌に突き刺すのが私の仕事で、たしか小学生の高学年頃からだったと記憶している。ズブズブズブズブと昆布を縦に差し込み、それを終えたら今度はおやじがその上に味噌をペタペタのせ、昆布が全く見えないようにしてから蓋をするのである。

次の年の十一月末頃、また杜氏たちが酒造りにやってくるのだが、その前に全ての昆布をおやじと私は味噌から引き上げてしまう。その引き上げた昆布はたっぷりと味噌のうま味を吸って広がり、長さが七〇センチ、幅二〇センチ、厚さが五ミリぐらいになっていて、鼈甲《べっこう》色《いろ》に輝いていた。この昆布を畳んで、凧糸《たこいと》で十文字に結んで、いつでも引き上げられるように味噌桶の中に再び入れておくのだった。

こうしてつくった味噌昆布は本当にうまかった。昆布は味噌のうま味を吸い、味噌は昆布のうま味を引き出して吸う。いずれも役者がいいので、お互いがうま味を引き出し合うことになり、両方ともびっくりするほどおいしくなる。その上、杜氏たちも我が家の家族たちも、みんながおいしい味噌を食べることができるのである。昆布は、食べるときに紐《ひも》を引っ張り上げると味噌の中から取り出せる。それを俎板《まないた》の上で細く切って、昆布の味噌漬けの出来上がり。これを炊きたてのご飯の上に散らしていただく。もうそれだけでおいしくて、他におかずは何もいらない。

我が家では、この鼈甲色の昆布の味噌漬けを「かしいたの味噌漬け」と呼んでいた。この名はおそらく、昆布の形から推測するとたぶん「乾し板」か「堅し板」という字を当てていたのであろう。

このように、おやじは食いしん坊でグルメでもあったし、親分肌のところもあった。もちろん洒落《しゃれ》っ気もあったので、おやじは毎日が楽しかったのではないかと思っている。私はそんなおやじが大好きだったし、今の自分の姿は、あのおやじの生き方があってのものだと思っている。

おやじは八十五歳で亡くなった。そのおやじは、私の書いた本を四〇冊ほど枕元《まくらもと》に置いて逝《い》った。そして最期に「俺はおまえのファンだった。これだけの本を読ませてもらって楽しかった」と言ってくれた。その言葉は今も忘れられない。

恍惚のカニ、陶酔のカニ

「北海道に行ったら、何を一番食べたいか?」というアンケート調査をある会社で行ったところ、一番はラーメンでもジンギスカンでも鮨《すし》でもなく、「毛ガニとタラバガニ」だったという。つまり、とにかくカニが食べたいのである。確かにラーメンでもジンギスカンでも鮨でも全国どこへ行っても食べられるものだけれども、カニとなると話は違うのでみんなの目の色が変わる。涎《よだれ》を垂らす。そのカニには、一番美味となる旬のようなものも一応あって、カニによって違う。たとえば毛ガニは、北海道ではオールシーズンでどこかの漁港に水揚げされていて、網走《あばしり》や紋別《もんべつ》、雄武《おうむ》、浜頓別《はまとんべつ》あたりのオホーツク海側は夏の七月から八月、函館や室蘭、長万部《おしゃまんべ》の道南の海では秋から冬の九月から三月、釧路や根室などの道東太平洋側では冬から春の十二月から四月あたりである。

とにかくこのように、毛ガニの旬は北海道全域について見てみると季節性はあまりなく、一年中どこかでおいしい毛ガニが獲れていると考えればよい。私は六月のある日、北海道庁農政部食の安全推進課の職員とともに、紋別郡雄武町に視察に入ったことがあった。それは雄武漁業協同組合が「輸出水産食品認定施設」を完成したというので、それを見に行ったのである。その施設は極めて近代的にできていて、大きく、そして清潔で、実に立派なものであった。
その夜はオホーツク海の日《ひ》の出《で》岬を一望できるホテルに一泊したのであったが、そこで注文した毛ガニのおいしさといったら、生涯忘れることのできないほどのものであった。雄武町の毛ガニといえば、北海道どころか日本国中の魚介の仲買人やカニを生業《なりわい》としている飲食業や料亭、ホテルなどの関係者の垂涎《すいぜん》の的で、とても人気の高いブランドガニなのである。なぜ雄武の毛ガニがおいしいのかを漁業関係者に聞いたことがあった。それはこういうことであった。流氷の下でじっと春を待っているカニは、氷の下にある多くのミネラルとプランクトンを食べ、そこで身が付き、また肉もぐっと締まり、カニみそもたっぷり入る。そして氷が去って海が開けて春が来ると、今度はそれほど水深の深くない雄武海岸の海底に移る。そこは毛ガニが好む砂泥《さでい》質《しつ》の場所で、そこにもカニの餌は豊富にあるので、さらに身が付き、カニみそもたっぷりと入るということである。

毛ガニ。北海道を代表する憧れの食材。むっちりと肉が詰まり、カニみそも豊潤。まさに味覚道楽の味がする。

　大きい毛ガニでは一パイ八〇〇グラムもあるというが、その夜のものは五〇〇グラムのものだった。手に持ってみるとズシリと重く、よほどびっしりと肉とみそが詰まっているのであろう。それではいただきましょうと、その毛ガニの腹側に付いている三角形の前だれを外し、次に大きな甲羅を引き剝がした。すると甲羅の内側や胴体には憧《あこが》れのカニみそ（正しくは肝膵臓《かんすいぞう》）がべっとりと付いていて、それが山吹の花の色のように美しい。胴を二つに割って、脚の付け根の方から切り分けていくなどして、大きな一パイのカニを解体して皿の上に盛った。

そして胸高鳴らせて、じっくりと賞味にかかった。カニを食べるとき三杯酢やポン酢などを使う人が大半だが、私は何も付けずにカニそのままを味わうのが大好きである。まず、お目当てのカニみそからだ。指先にカニみそをべっとりと付けて口に入れると、トロリとした感覚が広がったと思うが早いか、今度はカニみそ特有の脂質成分からのコクと上品なうま味と滑らかな甘みが口中に広がってきて絶妙であった。

次に脚の殼を外すと、中から身がコロリと出てきた。嚙むとそこから甘みと上品なうま味がジュルジュルピュルピュルと湧き出してくる。

よし、次は究極の食い方で賞味してやろうと、胴体や脚の付け根に付いている純白の肉身を丁寧にほじり出し、集めた身をカニみそがべったりと付いている甲羅に入れ、箸でよくかき混ぜた。純白の身は、すっかりカニみその山吹色に染まって眩《まぶ》しいほどの美しさになった。

それを食べると今度は、カニみそのコクとうま味が肉身の甘みと一体となり、味覚極楽の気分となった。それがあまりにも美味であったので、次からは箸の先でほんのちょっぴりつまんで、少しずつ口に入れ、じっくり味わって燗酒《かんざけ》の肴にし、最後は、ほんの少し残したものにチョンと醬油を垂らし、それを炊きたてのご飯の上にのせて食べてみたところ、その美味に悶絶《もんぜつ》した。

また同じ夏の時期に根室でハナサキガニ（花咲蟹）を食べたことがあったが、このカニは毛ガニと違って、とても野趣の味を濃く残していた。ハナサキガニの旬の時期は市内はもちろん、納沙布《のさっぷ》岬突端の土産物屋の軒先にまで、茹でたてのカニが所狭しと並べられて売られている。その形の野性的なこと、体表全体から出ている棘の鋭いこと、そして目が痛くなるほど鮮やかな真っ赤な色など、このカニの野生の逞《たくま》しさがひと目で分かるほどの雄々しい姿をしている。

東京の居酒屋で、ときどきこのハナサキガニを食べたことがあるが、毛ガニやタラバガニといった他の北海道産カニの味と比較してみると少し大味気味だと思っていた私は、このとき根室で食べてみて、その味の濃さとカニみそのおいしさに、ハナサキガニへの偏見を改めることにした。

タラバガニ（鱈場蟹）は、オホーツク海で獲れる北海道産やロシア産は春から夏、アラスカ産は冬が旬である。北海道での漁期は十二月から五月と九月から十月で、北海道最北端の稚内湾に揚がる宗谷海峡でのタラバガニが水揚げ量日本一である。

オホーツク海の流氷が去った「海明け」後の四月から六月が、タラバガニの甘みが強くなり、最もおいしい時期といわれている。巨大ガニのわりにはカニみそが少なく、味もあまり評価されていないが、長くて太い脚には優雅な甘みと耽美《たんび》なうま味があり、カニ類の取引では最高級食材とされている。その脚は、茹でてすぐのものでも、冷凍したものの自然解凍でもあまり変わりなく、プリプリポクポクとした食感と濃厚な甘みは、食味ガニの王道を行くが如しである。

札幌市中央卸売市場の場外市場《しじょう》には約六〇店舗が軒を連ねていて、鮮度抜群の北海道の海の幸や陸《おか》の恵みを買い求めることができる。私の住んでいるところから車で一〇分という至便な地にあり、よく買いものに行くが、あるとき、「産地直送タラバ大特売！」と書かれた魚屋の店頭の吊《つる》し書きを見て足を止めた。その店の入口には茹でられたタラバガニの巨大な脚が山のように積まれていた。真紅の脚はかなり太く、そして長いので、こりゃ食い応えがあるぞと思い、三本ひとまとめのを一束買った。そのカニ脚はズシリと重かったので、なお嬉《うれ》しくなった。

茹でてあったものだから、家に着くなり、殻を剝いでまず一本食った。よほどカニ肉に飢えていたためか、行儀が悪いことに玄関に立ったままの一本丸かじりである。口の中に入れて嚙むと、とたんに甘くて濃いうま汁が脚肉からほとばしって出てきた。さすがに脚肉一本分は口に余るほどで、頰っぺたがはち切れそうに膨らんだ。それをゆっくりと嚙みながら賞味し、そしていよいよ顎下《がくか》に飲み下したらば、そのあまりの脚肉の量に、今度は喉《のど》詰まりを少し起こして苦しかったけれども、なんとか吞み込めた。まったく、幾つになっても食い意地の汚い私である。

やっと玄関から上がり、素早く着替えてから残ったカニ脚二本を焼いて食うことにした。「焼いタラバうまいカニい？」なんて、座布団敷いていたら三枚ぐらいは持っていかれるほどひどい駄じゃれを口ずさんでみながら脚を焼いた。茹でたカニ脚を焼くなんておかしなことをする人だなあ、と思う輩《やから》もいるだろうが、カニ肉というのは、殻を付けて焼き上げると、さらに甘みが増して香ばしい焼き香《が》が付くので、食いしん坊の私のこと、その一念でやってみたのである。

その焼きたての脚肉を手に持って殻から出すと、ほのかに湯気など立てるほど熱く仕上がっていた。それを口に運んで噛むと、身は歯にホクホク、ポクポクと応える。すると瞬時に鼻孔から殻の焦げた香ばしい匂いが抜けてきて、口の中は焼きガニ特有の甘さを伴ったうま汁で充満した。その味の濃さのためか、カニ脚の殻や肉身を持った指は、ベトベトしていて甘く、もったいないからその指まで舐めた。こうして私は、久しぶりにムサボリッチ・カニスキーさんになった。ロシアのカムチャッカ半島を旅していたとき、安いタラバガニを山のようにむさぼって平らげたのを見て、通訳さんが私に付けてくれた渾名《あだな》である。

第5章　太陽と土と水の申し子たち

夏の北海道は、まさに田畑に茂る食物の山である。太陽は日本一の日照時間と寒暖の差をつくり、土は牛糞《ぎゅうふん》などの堆肥《たいひ》で肥沃《ひよく》になり、峻峰《しゅんぽう》からの伏流水は大河を生み大地を潤す。そんな力漲《みなぎ》る太陽と土と水によって、夏の北海道にはおいしい作物が豊かに育つ。

清らかなる「新ジャガ」

北海道の夏野菜や根菜の旬ものといえば、私は最初に「新ジャガ」を挙げる。その年最初のジャガイモだ。ジャガイモは、今では年間を通じて市場に出てくるけれど、新ジャガは格別の味わいがするのだ。毎年七月下旬から収穫が始まり、札幌、小樽、旭川、帯広《おびひろ》、函館、釧路等々の市場や八百屋《やおや》さんの店頭には「新ジャガ入荷」のチラシ書きが置かれる。新ジャ

広大なジャガイモ畑。さすがに北の大地の恵みは度量が大きい。

ガは皮が薄いので、皮付きのまま茹でたり、油で素揚げにしてもおいしく、とても簡単でいつでも気軽にいただける。

私はその新ジャガが出ると、必ず買ってきてその瑞々《みずみず》しさを味わうのが大好きである。よく洗って土を落とし、それをじっくりと眺めると、やはり新ジャガは違う。冬から出回っている熟成ジャガイモ、つまり一般的なジャガイモは皮が硬く大きくてゴツゴツとしているが、新ジャガはひと回り小粒で皮は薄く、艶々していて、ほんのりと緑色を帯びた淡黄色をしている。まずは皮付きのまま茹でて、塩をパラパラと撒《ま》き、しばらく冷ましてから一個取って指で薄い皮を剝き、食べる。皮が付いたまま塩を振ると塩味がほんのりと付くぐらいになってちょうどいい。口に入れて噛むとポクポクとして、そこから若々しい甘みがチュルチュルと出てきて、その甘みをちょっとの塩が囃《はや》し立て、うっすらと甘さを増す。するとそのとき、鼻孔から新ジャガ特有の土の匂いが微かに抜けてくるのに気付き、なんとなく心が洗われるのである。熟成ジャガイモは甘みが強く味も濃厚なのに対し、この新ジャガの甘みには瑞々しさが残っていて、そのフレッシュな味わいに心躍るのである。

夏の夕方、ぐっと冷えたビールでジャガバターを味わうのも北海道ならではの楽しみである。新ジャガを丸のまま茹で、それを網ボールに積み重ねておき、大きめの取り皿にあらかじめバターの塊を小さく切り分けて幾つか置いておく。茹でジャガを一個皿に取り、皮を剝いてからナイフとフォークで半分に切る。フォークにバターの小塊一個を刺し、それを新ジャガにこするようにして塗りつけていくと、バターはトロトロと溶けて新ジャガの身を包《くる》んでいく。それを食べる。すると口の中では、まずバターの脂《あぶら》がトロロロロと広がっていき、そこからペナペナとしたコクと淡い塩味が湧き出していく。そこに新ジャガのホクホク、フワワワワとした食感が加わり、そこからはじゅんわりとした甘みが出てきて口中に広がっていく。ああ、うまいなあ、北の国の夏かあ、などと感嘆しながら冷たいビールをキューと呷《あお》る。そして再びジャガバター、追っかけのビール。

ところで北海道には、全国どこへ行っても見ることのできない奇妙なジャガイモの食べ方がある。四〇年ほど前、私がそれを初めて知ったときには、驚きとともにやや異様にさえ感じた。ところがその後北海道でも仕事をするようになり、今は住んでもいる私は食べ馴《な》れてきたこともあって、もはやこの食法を当たり前のように感じるし、酒の肴に大好きになってもいる。その食べ方とは、茹でたジャガイモにイカの塩辛とバターを塗り付けて食べる「塩辛ジャガバター」という不思議なものである。茹でたり蒸したりしたジャガイモに十字に切り込みを入れ、そこにバターとイカの塩辛を挟むようにしてのせて食べるのである。バターが少し溶けた後でイカの塩辛をのせるのがコツで、こうするとポクポクのジャガイモのおかげで塩辛の塩味がマイルドになり、とてもおいしいのである。北海道の居酒屋では必ずと言っていいほどメニューの中に収まっている。

トウモロコシに味覚極楽を見る

札幌の大通《おおどおり》公園に行くと、六月末頃から早くも茹でトウモロコシあるいは焼きトウモロコシの露店が出ている。ハウス栽培もので、露地ものは五月から六月に種を蒔《ま》き、八月から九月下旬に旬を迎える。北海道のトウモロコシは甘くジューシーで大変おいしいのであるが、そのわけは日照時間が非常に長いことと、昼と夜の寒暖の差が大きく、糖分やうま味がのりやすいこと、畑の周りに酪農地が多いため牛糞などを発酵させて堆肥をつくり、肥沃な土壌で耕作をしていることなどが挙げられる。

確かに北海道のトウモロコシは、その形状を見ただけでもおいしいことがよくわかる。北海道中央卸売市場青果部の人においしいトウモロコシの見分け方を聞いてみたことがあったが、それはとても面白い話であった。しっかりと完熟しているものはおいしいのだけれど、皮の中までは見ることができないので、まずは外観で判断するのだという。そしてその第一は、ヒゲの本数の多いものを選ぶのだという。実はヒゲの本数はトウモロコシの実（粒）の数と同じなので、できる限り先端まで実が入っているものを選ぶためにはヒゲの数が多いものがよいということである。さらにそのヒゲの色も、淡い黄褐色のようなものでは駄目で、確実に黒褐色になっているものを選ぶ。黒いのが完熟の証《あかし》であるという。しっかりとした農家では、完熟するまでトウモロコシを枝に付けておくから、ヒゲの色も当然濃くなってくるという。

また、収穫してからの日数が短いほどジューシーで甘いが、それを見るにはトウモロコシを包んでいる皮の色が瑞々しくて光沢があり、そして匂いを嗅いでみて、微かに甘さを伴って青臭く、清々しい感じのするものがよいということである。さらに実入りを知るにはトウモロコシを一本手に持ち、重さがズシリと手に感じるものを選ぶことだ、という。プロ中のプロが教えてくれたので、私も八百屋さんやスーパーでトウモロコシを選ぶとき、ヒゲの数とヒゲの色と皮の状態と匂いと重さを確かめるのであるが、これまで外れたことはない。

トウモロコシ。ひと粒ひと粒がはち切れるほど豊満で、茹でても焼いても甘く香ばしくジューシーだ。

北海道産のトウモロコシのおいしさに感動したのは十《と》

勝地方《かち》の中川郡《なかがわ》幕別町《まくべつちょう》でのことであった。古い醤油仕込み用の大桶があるというので、清《し》水《みず》醸造という醤油屋さん（現在は廃業）を訪ねたのであったが、そのとき主人の清水さんにご馳走《ちそう》になったトウモロコシの味は、今でも忘れずに記憶に残っている。醤油蔵を見せてもらい、応接室で茶をいただいていると、奥さんが茹でたてのトウモロコシを盆にのせて持ってきてくれたのであった。まだ湯気をほのかに立たせているが手に持っても大丈夫なぐらいの熱さである。塩がパラパラと撒かれていたそのトウモロコシの粒の並び方の見事なこと。付け根から穂先にかけてびっしりと行儀よく並んでいて、粒と粒の間に紙一枚入る隙間《すきま》もないばかりか、むしろ粒同士がくっつき合い、圧《へ》し合って盛り上がっている状態なのである。そしてその色の眩しいこと。やや山吹色がかった明るい黄金色《こがねいろ》で、ひと粒ひと粒がテカテカと輝いている。勧められるままに一本を取り、ハーモニカを吹くように両手で支え、顔の近くまで持ってくるとたんに甘ったるい茹でトウモロコシの匂いが鼻から抜けてきた。たまらず中央あたりからガブリと歯を入れた瞬間、はち切れるほどに膨らんでいたトウモロコシの粒から、ピュッと甘いエキスが飛び散ってきた。

ごっそりと口に入ってきた粒々をムシャムシャと噛むと、ムコムコホコホコと歯に潰されていき、そこから瑞々しいトウモロコシの耽美なほどの甘さと淡泊なうま味がほとばしるように出てきて、鼻孔からは甘ったるく微かに栗《くり》の花を思わす匂いが抜けてきた。また、振り塩の加減がちょうどよかったために、甘さがぐっと優雅になったのも、我が大脳皮質味覚受容器を充満寸前に陥らせた要因であった。

甘すぎるニンジンのわけ

北海道に行って野菜を食べて気付くのは、トマトもキュウリも枝豆もみんな甘い、ということである。とりわけ夏に旬を迎えるニンジンの甘さにはびっくりさせられる。私はあるとき、帯広市の近くの音更町《おとふけちょう》に行ったらちょうどニンジンの収穫をしている農家に出合った。そこで道庁の職員と収穫状況などの話を聞いてみることにした。すると農家の若い主人は、午前中の農作業はこれで終わるからと言って、私たちを作業所に案内してくれた。そこでご馳走してもらったのが収穫したばかりだというニンジンを使ったジュースであった。これは何よりのもてなしで大変恐縮した。その作業所の隅の方には簡単な調理場のようなところがあって、そこで収穫したばかりのニンジンを何本かよく洗い、それをミキサーにかけて、あっという間にジュースをつくってしまったのである。その手際のよさといったら舌を巻くほどで、その潑溂《はつらつ》とした動きは若さが物をいうのであろう、とても爽快《そうかい》だった。今年のニンジンの出来を言葉であれこれ説明するよりは、味わってもらう方が早いと思ったのかもしれない。

そのニンジンジュースをコップに入れて出してくれたのだったが、まず目を見張ったのはその色彩であった。鮮やかで限りなく赤い色に近い茜色は目に染みるほど美しく、真っ赤に燃える夕陽《ゆうひ》のようだった。それをいただくと今度は仰天した。口中に濃い砂糖水のような甘さが広がり、それはとても柔らかでやさしい味、鼻からはニンジンの清々しい快香が抜けてきた。ニンジンがこんなに甘い野菜だと、そのとき初めて知ったのである。

そこで調べてみると、ニンジンの栽培は摂氏二〇度ぐらいが適温とされ、糖分や色素のカロテンの生成もこの温度で最も盛んに行われるというのである。つまり、北海道の夏の冷涼な気候は、おいしいニンジンの栽培に最適であり、だからこんなに甘いのだということがわかった。その甘さの主成分は果糖とぶどう糖が結合してできた蔗糖《しょとう》という成分で、これは砂糖と同じ成分である。なんと北海道のニンジンには糖度が八パーセントを超えるものもあるというから驚きだ。

甘い根菜といえば、北海道でしかつくられていない甜菜《てんさい》がある。一般的にはビートあるいは砂糖大根と呼ばれているもので、北海道ではこの甜菜で家庭で使われている砂糖をつくっている。甘いダイコンと呼ぶ人も多いが外見は蕪《かぶら》に似ており、分類上はホウレンソウと同じヒユ科に属している。この甜菜の栽培とそれから砂糖をつくるのは北海道の一大産業ともなっていて、日本で使われている砂糖の二五パーセントが甜菜糖だということである。北海道ではまだ雪の残る初春に種を蒔き、苗を育て、雪解けを待って春に畑に移植、夏を経て秋に収穫する。北国の大地に緑の絨毯《じゅうたん》を敷き詰めたような景観は、北海道の代表的な田園風景となっている。

根の株（六〇〇グラムから一二〇〇グラムまで肥大する）は、甜菜糖の工場に運ばれ、純白の砂糖になるが、砂糖の原料にならない葉は、畑にそのまま埋め込んで緑肥《りょくひ》として再利用。また砂糖をつくるときに出たビートの絞りカスは、雪に閉ざされている北国の牛たちの貴重な餌となるので、全く捨てるところはない。

私はこれまで何度も甜菜畑を訪れてきた。北見市《きたみし》、伊達市《だてし》、本別町、斜里町《しゃりちょう》、清水町《しみずちょう》などには広大な畑や砂糖工場があり、道内総面積七万ヘクタールで栽培が行われている。収穫のとき、掘り出した甜菜を食べてみると、それは実に甘い。現場で糖度計を使って調べてみると、なんと一五〜二〇パーセントもの蔗糖（砂糖）が含まれていた。甘いのは当然であった。

札幌伝統野菜のフルコース

ずっと前の八月のことであるが、北海道庁やJAさっぽろなどが主催して「札幌伝統野菜を食べる会」といったような催しが市内のホテルであり、道庁から北海道名誉フードアドバイザーを委嘱《いしょく》されている私に招待状が来た。札幌は、開拓に始まった歴史のある農業王国北海道の中心の地であるから、昔からの農業遺産は数多く保持してきている。その中には、

札幌大球。秋に収穫される晩生種で、1玉の直径は50センチ、重さ10～15キロほどになる。しかし大味ではなく、煮ても焼いても炒めてもうまい。

昔使われていたさまざまな種子も大切に残されていて、きっとそれで伝統野菜がつくられているのではないかと思った。

会場に行ってみると、札幌にはとても素敵な伝統野菜が幾つもあり、今でも農家でつくられているとのことだった。札幌の伝統野菜の定義は、(1)札幌市内で栽培された野菜であること、(2)品種名に「札幌」の地名が付いていること、(3)今でも種子があり、栽培（生産物の入手）が可能なものと決められている。そして当日の料理に出てきたのが「札幌大球《さっぽろたいきゅう》」という巨大なキャベツ、「サッポロミドリ」という枝豆、「札幌黄《さっぽろき》」というズッシリとした大玉のタマネギ、「札幌大長《さっぽろおおなが》ナンバン」という青トウガラシ、「札幌白ゴボウ」というゴボウであった。

巨大なキャベツは直径五〇センチ、重さ一〇キロを超える大物で、明治の初期にアメリカから輸入したものだという。主に漬物用に使われたが、シャキシャキした歯応えと甘さが人気を呼び、今でも学校給食に使われているという。その日は「キャベツの丸煮」で出された。大きなキャベツをぶつ切りにし、ニンジン、サトイモ、タマネギ、豚肉とともに煮込み、味付けは醬油と砂糖での薄味仕立てにしたものだった。キャベツの甘みと淡泊なうま味が全体に滲《し》み渡り、とても美味であった。

「サッポロミドリ」という枝豆は七月下旬から収穫される早生《わせ》品種だそうで、つまり摘んだばかりの豆の塩茹でであったが、その莢《さや》の緑色の美しさに目が吸い込まれた。純粋な札幌発祥の枝豆で、今ではこの豆の種子は国内でもトップクラスの人気を誇っているということである。確かに食べてみると、豆はしっかりと歯にポクポクと応え、そこから奥の深いうま味と上品な甘み、滑らかなコクが湧き出してきて、心洗われるようなおいしさだった。

「札幌黄」というタマネギは「タマネギのカレー焼き」という北海道ならではの歴史的料理法で出されてきた。大きなタマネギを二分（約六ミリ）の厚さに輪切りし、塩とカレー粉と小麦粉を混ぜたものを両面に付け、厚鍋に油を引いた中で蒸し焼きにした、とのことであった。とても大胆な焼きタマネギで、明治時代の北海道開拓使の御偉方《おえらがた》の食べ方だったという。私はこのタマネギのステーキが大変気に入って、三枚も平らげた。とても甘く、そしてカレーの風味がタマネギのそれと合致し、手に持っていた北海道産の酸味の強い白ワインととてもよく合っていた。

「札幌大長ナンバン」という青トウガラシは一〇〜一二センチほどあり、明治時代に岩手県南部から導入され、北海道の気候と風土に適するように品種改良されたものだという。辛みは青トウガラシの遺伝子を継いで強い方だというが、この日は私の大好きな「紫蘇《しそ》巻き」で出てきた。会場にいた厨房の人に聞いてみると、紫蘇の葉に札幌大長ナンバンをのせ、生味噌を少しかぶせてからくるくると巻く。鉄鍋に油を引き、その紫蘇巻きを一列に並べてから弱火で両面をじっくりと焼いて出来上がりだという。食べてみると、その香ばしさが実によく、また強めの辛みが味噌と焼き油によく絡み合って絶妙であった。ああ、温かい飯が欲しいなあ、とこのとき思った。

「札幌白ゴボウ」は、これまで述べた伝統野菜とともに会場に展示されていたが、そのゴボウの切り口を見ると真っ白で、実に美しい。明治時代に北海道でゴボウが栽培されていた当時の品種で、当日は、これも古くから札幌に伝わってきたという「ゴボウの揚げ巻き」で出してくれた。油揚げの三方の縁《へり》を切って一枚に広げ、そこに白ゴボウとニンジンの千切りをのせ、くるくると巻いて干瓢《かんぴょう》で結び、砂糖醬油で汁気のなくなるまで煮含めたものである。これを食べたとき、口の中ではニンジンも油揚げも主張できず、ただただ白ゴボウの味と香りだけが独り存在を宣言しているように思えて、さすがに伝統野菜は底力のあるものだと教えられた次第である。

第6章　夏の料理は心を躍らす

頬っぺた落としのイカ

日本の夏の暑さは厳しさを増しているが、北海道の夏は、本州や四国、九州に比べれば凌《しの》ぎやすい。むしろ清々しい日もあって、移動するのにそう苦痛はない。札幌から函館までは、JR室蘭本線・千歳《ちとせ》経由のスーパー北斗《ほくと》だと約三時間五〇分（距離にして三二〇キロメートル）で行けるので、車窓右手には恵庭岳《えにわだけ》や樽前山《たるまえさん》、オロフレ山《やま》を見ながら、左手には太平洋内浦湾《うちうらわん》（噴火湾）の眺望を楽しみながら、北海道駒ヶ岳《こまがたけ》の下をすすり抜けて、函館に入る。途中、長万部《おしゃまんべ》で「かにめし」を買って、車中の昼食も楽しい。

函館には知人、友人が結構多く、中でも市内弁天町《べんてんちょう》の波かぶりの地でイカの塩辛を専門につくっている食品会社社長の小田島隆《おだじまたかし》さんとは旧知の仲だ。小田島水産食品は、今もって昔ながらの桶で塩辛を仕込んで発酵させている頑固一徹の会社で、その塩辛はいつも神秘的な桜色をしていて実にうまい。ある夏の日、私は函館市にある公立はこだて未来大学から講演を頼まれ、それが終了したので小田島氏に電話を入れて、スルメイカのおいしい料理屋を教えてもらった。

スルメイカの旬は七月から九月で、この時期のものが最もうまいとされている。その夜私は教えてもらった小料理屋に行ってイカ料理を堪能《たんのう》したのであったが、やはり本場での旬のイカの味は格別だった。透き通る身の活《かつ》イカの刺身は秀逸であったが、さらにおいしかったのは「イカの鉄砲焼き」という料理であった。スルメイカのコロ（肝腸《きもわた》）を抜き取り、脚（吸盤はぬれ布巾《ぶきん》でこそげ落とす）を刻み、コロと味噌（大サジ二）を混ぜ合わせてからそこに刻みネギ（細ネギ一本）を加え、よく和えてからイカの胴に詰め、胴口を縫ってから直火で網焼きにしたものである。

その切り分けたものを一個食べた。噛むと身がポクポクとして、そこからイカ特有の甘みがじゅんわりと出てきて、そこにコロの濃厚なうま味とドロッとするほどのコクがかぶさり、それを味噌のうまじょっぱい味が包み込み、ネギの快香が鼻から抜けてくる。使った材料の全てがお互いに自己主張しながらも、仕舞には協調し合ってひとつになる。全くすばらしい料理である。

店の主人の話によると、この鉄砲焼きは津軽《つがる》海峡を挟んだ郷土料理で、青森には「ポンポン焼き」といって全く同じものがあるということである。さてその店で、私はイカの塩辛の白造《しろづく》りを食べてそのおいしさに感嘆した。なんとも美しい琥珀色の肝《きも》ダレの中に、細切りした純白のイカの身が澱《よど》んでいる。食べると身はコリリと歯に応えて甘く、肝ダレの方はトロリとして濃厚なうま味を持っている。そして何と言っても私が気に入ったのは、塩熟《な》れのすばらしさである。たいがいのイカの塩辛は、この塩の角《かど》が残っていて、しょっぱみがうま味を超越してしまう難がある。ところがこの店のものは塩の角がすっかり取れて、逆に丸くなっているので秀逸なのである。

そこで店の主人にこの塩辛のつくり方を教えてほしいと言うと、「いいですよ」と二つ返事で承知してくれた。するとそのつくり方は、私が想像していたものとは全く違っていて、独特の方法で肝にじっくりと発酵と熟成を施していたのであった。イカ（三バイ）から墨袋を破らぬようにして抜き取り、肝（コロ）を上手に引き抜き、そのコロ三本を塩を混ぜた豆腐のおから（おから五〇〇グラムに塩五〇グラム）に三日間漬け込む（夏は冷蔵庫の中で、冬は常温で）のである。豆腐のおからに漬け込むと、おからが生臭みを取ってくれるのだという。さらに私の考えるところ、おからに塩を混ぜておくのは、漬け込んでいる間に、塩がコロの袋の薄い皮を半透膜のようにして入り込み、逆に肝の中の水は外に引き出される。つまり、肝の中に自然に塩が入っていって塩味の肝をつくり、肝からは水が抜けて濃厚な味に凝縮されるのであろう。実に巧妙な方法だ。

こうして三日間、おから塩に漬け込んだ肝は金網笊《ざる》と篦《へら》を使って裏漉《うらご》しする。その肝をボウルに移すが、かなりドロリと濃縮されているので、焼酎と塩を加えてトロトロ状になるまで伸ばし、そこに皮を剝いたイカの身（三バイ分）の短冊《たんざく》切りを加える。それを密閉容器に入れて再び三日間発酵と熟成を施す。その間、朝昼晩と日に三回かき混ぜる。こうして四日目に完熟塩辛をおいしく食べることができる。私はこれまで、幾度もこの方法でイカの塩辛をつくってみたが、つくるたびに頰っぺた落としの味に歓喜している。

誘惑のメロン

札幌駅の中心街、そして広大な地下街を歩いていると、やたら目につくのがフレッシュジュースの売店であるが、しかしもっと注意して観察して歩くと、本格的なフルーツジュースパーラーが多いのに気付く。そして夏になると、どの店でも「メロン」の字の幟《のぼり》や貼紙《はりがみ》が多く出てくる。つまり生メロンジュースのシーズンがいよいよ到来したことを知らせるわけである。こうして、近年の北海道の夏の果物はメロン一色になる。

北海道メロンは、今やブランドとして東京あたりでも人気が高いが、早ければ五月下旬頃から市場に出回ってくる。そして旬の時期は六月下旬から九月の夏期で、十月の秋にはシーズン終了となる。北海道のメロンには赤肉メロンと青肉メロンとがあり、赤肉の生産が多いが、栽培されるメロンの品種や栽培技術に違いがあり、食べた食感や味なども変わってくる。また北海道を旅していると、生メロンはもちろん、メロンを加工したクッキーやチョコレートなどの土産が多く売られているが、多くは赤肉メロンを使っていて、赤肉メロンは北海道を代表する特産品のひとつとなっている。

生産地は、道央エリアの中心地で高級メロンとして有名な「夕張《ゆうばり》メロン」の夕張市、道北の代表地は「富良野《ふらの》メロン」の里の富良野市、道南で有名なのは「雷電《らいでん》メロン」で知られる積丹《しゃこたん》半島西側付け根にある共和町《きょうわちょう》、そして道東の代表は「帯広メロン」を代表している帯広・十勝《とかち》エリアである。このほかあちこちでメロン栽培は行われていて、北海道全域で栽培されているのである。

北海道では夕焼けの茜色を思わせる赤肉メロンが主流。芳醇な香りと上品で深い甘みは、味わう人を夢心地へといざなう。

それらの生産地はいずれもメロンを食べさせてくれる施設や販売所を持っていて、大玉を切って現われた茜色とも代赭色《たいしゃいろ》とも呼ばれる天然美色の果肉をスプーンで掬《すく》い取り、口に運ぶと口中にやさしい甘みと芳醇《ほうじゅん》な香りが広がっていく。このような生食ばかりではなく、北海道ではメロンを材料にした料理も少なくない。私がこれまでの数年間に食べてみた北海道メロンの料理をメモ帳から抜き出してみると次のようであった。

「ブランデーメロン」は、冷やしたメロンをカットし、そこにブランデーを振りかけただけのものだが、メロンの香りとブランデーの芳香とがよくマッチし、またメロンのトロリとした甘さにブランデーのキリリとした辛さが対照的で、それが口の中で見事に融合するといった魅惑のデザートだった。

「メロンのカナッペ」は、クラッカーにクリームチーズとカットしたメロンをのせただけのものだが、スナック的なオードブルとしてよかった。パリッとしたクラッカーにジューシーなメロンの果汁が吸収され、そこにトロッとしたクリームチーズの食感が加わって三者三様の振る舞いが面白い。

「メロンのココナツシャーベット」は、角切りしたメロンに、ココナツミルクを混ぜ、それでシャーベットにしたものだが、それをブランデーを舐《な》め舐めいただくと、シャーベットが口の中で溶けていくときに、そこにブランデーの香りもほんのりと混和していくので、なんとなくトロピカルであり、またフレンチ風であった。

「メロンのカプレーゼ」は、ビネグレットソース（グレープシードオイルと白ワインビネガー、グレープフルーツ果汁と混ぜ合わせたもの）に一口大に切った赤肉メロンとモッツァレラチーズ、生ハムを加えて和えたものである。メロンの茜色、生ハムの赤、モッツァレラチーズの白が美しく、ビネガーとグレープフルーツ果汁の酸味とメロンの甘みがとてもよくバランスがとれ、それをモッツァレラチーズと生ハムのうま味とコクが後押しして、メロンの食べ方としてとても気に入った。

農家食堂の「緑丼」

さてそれでは以下に、これまで私が北海道で食べてきた食事の中で、夏が旬の食材を使った料理でとてもおいしく、印象的で忘れがたいものを幾つか述べることにする。

私は北海道を旅したり、道庁の仕事をしたりするとき、昼食の時間になると、あらかじめ予約しておいた農家レストランに行って食事をすることが多い。実は北海道には、農家レストランあるいは農家食堂が非常に多く、郊外の道路を車で走っていると、赤い三角屋根を構えた農家レストランや、普通の家の家屋のように見えるが全体を緑色に塗った農家食堂などが目につく。

私はある夏の七月に、羊蹄山《ようていざん》の近くの倶知安町《くっちゃんちょう》に行ったとき、雄大な羊蹄山を一望できる農家レストランで昼食をとった。ちょうど新ジャガとトマトの収穫期と重なっていたためか、ポテトサラダやコロッケなどが出て、メインディッシュに「ジャガイモと挽《ひ》き肉のトマトスープ」というのがパンとともに出された。丼鉢のような大きなスープ皿にたっぷりと盛られてきたが、潰されたジャガイモの淡黄色の中に真っ赤なトマトの細片が美しい。それをスプーンで掬い取り、口に含んだ。すると、口の中にジャガイモのサラサラとした甘みとトマトの淡い酸味と甘み、挽き肉の濃厚なうま味と脂肪からのペナペナとしたコクが湧き出してきて絶妙であった。その上、一緒に出された自家製のパンの食感と香りはすばらしく、そのパンをスープに浸して食べてみると、何とも言えぬほどの豊かさを感じた。そして、こんな田舎《いなか》の農家レストランでも、札幌あたりの有名レストランやシェフの味にも負けていないものをつくれる人がいるのだと思うと、なんとなくほっとした気持ちになった。

北海道を旅する人、特にレンタカーなどを借りて旅する人には、この農家レストランでの食事をおすすめする。旅行案内所や観光施設などに行くと「農家レストラン一覧」のようなパンフレットが置いてあるし、もしなかったとしても、市町村の役所の窓口に行って聞くと農政課の職員が喜んで教えてくれる。

その農家レストランの「ジャガイモと挽き肉のトマトスープ」のレシピを聞いてみた。街のレストランのシェフにそんなことを聞く勇気もないし、聞いても教えてくれないだろうけれど、農家レストランの場合はまず一〇〇パーセント教えてくれる。ジャガイモ（一個）は皮を剝いて柔らかく茹で、粗く潰す。トマト（一個）は蔕《へた》を取り、皮ごと細かく刻む。鍋に油（大サジ一）を熱し、酒（大サジ一）を加え、スープ（三カップ）を注ぐ。そこにジャガイモとトマトと豚挽き肉（一五〇グラム）を加え、強火でひと煮立ちさせて、塩（小サジ二）、コショウ（少々）、トマトケチャップ（大サジ一）で調味し、最後に片栗粉（大サジ二）でとろみを付ける、ということである。

十勝平野南西部にある中札内《なかさつない》村の農家レストランで全面緑色の丼を食べたことがあるが、それがとても印象に残っている。七月のことであったが、メニューを手書きした紙を見ると、「ご飯もの」の中に「トマト丼」、「ナス味噌丼」、「ニラ玉丼」、「ベーコンキャベツ丼」、「枝豆丼」の五種があった。どれも、いかにも農家レストランらしいメニューだなと思ったが、枝豆の大好きな私は、いったいどんな丼なのかと興味をそそられ、「枝豆丼」を注文した。そこで出された丼を見ると、鮮やかな緑色の具が飯の上の全面にのせられていてびっくりした。よく見ると煮られた大粒の枝豆が丸のままゴロゴロと散らばっていて、その淡い緑色、あるいは鶯色《うぐいすいろ》とでも表現できる天然美色の豆に心洗われる思いだった。

その枝豆は、何かしらのトロトロした薄緑色の粘質物に覆《おお》われていて、さらにその下には細かく切られたイカの刺身が隠されていた。そして全体に、青紫蘇の千切りがパラパラと撒かれていた。私はその丼を見て、心の中で「緑丼《みどりどん》」と名付けた。まず左手に丼を持ち、右手に持った箸でざっとかき混ぜた。すると飯の上にかかっていた緑の枝豆と淡く緑に染まったイカの刺身、トロトロとした粘質物そして青紫蘇が混じり合い、その下から真っ白な飯がちらりと顔をのぞかせた。なおも混ぜると、飯と緑の具はほとんど一体になって混じり合い、ちょうど緑色をしたトロロかけご飯のようにトロンペロンとなった。

その丼の縁《ふち》に唇を付け、箸を使って吸い込むように口の中に啜《すす》り込んで噛んだ。すると紫蘇の快香や青々とした爽やかな香りが鼻から抜けてきて、口の中ではイカの刺身が歯に当たってシコリ、コキリとし、次に枝豆が歯に潰されてポクリ、ホクリとし、飯はネチャリネチャリとし、それをトロトロした粘質物が包み込む。そしてそこからは優雅なうま味と耽美な甘み、ペナペナしたコクなどがじゅんわりと湧き出てくるのであった。そのトロトロとしたぬめりにつられて、緑の具と飯は止めることもできずにどんどん私の胃の腑《ふ》に滑走していって、あっという間に丼は底を見せたのであった。じっくりと味わう暇もなく、流れ去ったというのが正直な感想だったが、しかし喉越しの爽快さには忘れがたいものがあった。

この「緑丼」のレシピ(二人前)は次のようであった。ヌラヌラの粘質物の正体はオクラであった。オクラ(八本)はおろし器で擂《す》りおろす。それに酢(大サジ一)、醤油(小サジ二)、だし汁(大サジ二)を加えて粘りを出すようによく混ぜ、そこに茹でて皮を剝いた枝豆(八〇グラム)を入れて混ぜる。刺身用の皮を剝いたイカ(一五〇グラム)は細く切り、塩少々とゴマ油(小サジ二)を加えて和え、それにみじん切りした青紫蘇(一五枚)を加える。それらを全部トロトロに混ぜ合わせ、丼に盛った飯の上にどっぷりとかけて出来上がり。

夏の北海道の旬ものを使ってつくった料理の中で、このほかに心に残っているものを書き留めておく。岩見沢《いわみざわ》市内のレストランで食べた「トマトと豆腐のパスタ」は、超新鮮なトマトにコクのある豆腐が絡みつき、そこにパスタ(カッペリーニという極細麺《めん》)のもちもち感が加わって、とても印象的なおいしさであった。トマトはその日の朝に近くの農家が収穫したもので、堆肥栽培の無農薬、水に入れると沈むほど重く実が入っているという。豆腐は地元で評判の豆腐屋のもので、やや硬めのものを使っているという。トマトは一〇秒ほど湯通しし、皮を剝いてから櫛型《くしがた》に切り、バルサミコ酢とオリーブ油、レモン汁を加え、塩とコショウで味を調える。豆腐は潰してから白ゴマとニンニクを加え、バルサミコ酢とオリーブ油、塩、コショウで味を調える。それを混ぜ合わせ冷蔵庫で冷やす。茹でたカッペリーニを冷水で締め、水気を切ったものに冷やしたトマトと豆腐をかけ、出来上がりだという。あっさりした味付けと冷たいパスタとトマトと豆腐がよく合い、有機トマトからの甘いうま味と、豆腐の幅のあるコク、パスタのもちもち感がたまらなかった。

札幌のレストランで食前のスープで出された「メロンのスープ」も忘れ難いものであった。赤肉メロンをミキサーにかけ、それをレモン汁、塩、コショウ、オリーブ油で調味、そこにみじん切りした生ハムをオリーブ油で炒《いた》めたものを加え、細かく刻んだエストラゴン（ハーブの一種）の葉を散らして器に入れて冷やす。砕いた氷の上にその器をのせ、出してくれたのである。メロンの茜色に生ハムの淡い朱色が散り、そこにエストラゴンの緑が実に美しい。そのスープをスプーンで取り、口に含むと、口の中が一瞬にして冷え、そこにメロンの甘みと芳香が広がる。生ハムからのうま味と塩味がメロンの甘みをじゅんわりと引き立てて、北海道の夏にふさわしいスープであった。

「トウモロコシとトマトのスープ」は、夏の北海道のレストランの定番である。ほぐしたトウモロコシの実でのスープか、あるいは一センチほどの厚さに輪切りしたトウモロコシでのスープか、さらに実をほぐしてから粗挽きし、それを濾《こ》してポタージュ風にしたものなどいろいろある。しかも、多くのスープには必ず多めのバターが溶かして入れられているのは北海道らしくて嬉しい。トウモロコシの黄色い実とトマトの赤とのコントラストも美しく、またトウモロコシからの淡い甘みと、トマトからの濃いうま味と爽やかな酸味が、北海道気分をぐっと高めてくれるのである。

天下無敵のウニラーメン

ウニも北海道の夏の旬ものである。札幌市から石狩《いしかり》街道が延びていて、そこを通る国道二三一号を北上すると、石狩市を経て留萌、稚内へと続くオロロンラインとなる。石狩市望来《もうらい》から稚内までは、左手に日本海を手に取るように続く絶景で、右手に迫る急峻で巨大な岩壁も迫力がある。その国道二三一号を札幌市方面から約五〇分北上したところに、石狩市新港《しんこう》東《ひがし》一丁目という信号がある。その右手に、誰もが目につく大きな建物と駐車場があり、そこが「サーモンファクトリー」という道民によく知られている施設である。サケの加工場と研究機関、サケや北海道の魚介の加工品の販売所、そしてレストランが付属している。

そのレストランの名は「オールドリバー」。旧石狩川が湖のように佇《たたず》んでいる風光明媚《ふうこうめいび》な水際《みぎわ》に建っている。私が石狩研究室にいるときの昼食は、ここを利用する機会が圧倒的に多く、そのお目当ては巨大な握り飯だ。飯の中に筋子や焼きサケ、タラコなどが信じられないほどぎっしりと詰まっている名物おむすびで、それを食べながらオールドリバーを眺めるのがとても好きなのである。

さてそのレストランでは、夏になると特別メニューとして「ウニラーメン」というのを期間限定で出してくれる。私は夏が来ると、楽しみにしていたこのラーメンを何度か食べるので、私事の歳時記上では、季語とまで思っている食べものである。そのウニラーメンは実に美しく豪華である。ラーメンの表面には隙間がないほど黄金色のウニがびっしりとのっていて、焼豚《やきぶた》とかメンマなど一切のっていない、ただウニ、ウニ、ウニだけなのである。まずスープをひと口啜る。すると瞬時に鼻孔からウニ特有の潮の香りがしてきて、それがとても官能的な甘みを含んでいる。口の中にはウニのふわふわ、ペトペトとした食感が広がり、そこから濃厚なうま味と甘みがジュルジュルと湧き出してくる。それが、スープのだし味と見事に合致して、丸いうま味と膨らみのある甘みを誘うのである。

ウニがこれほどまで奥の深い甘みを持っているのかと、そのラーメンを啜るたびに私は思うのだが、その甘みは決して飽きがくるものではなく、また舌にいつまでも残るものでもなく、あっさりとしていて品格のある甘さなのである。腰があり滑りもよい麺もすっかり啜り込むと、容器にはまだかなりのスープが残っていて、底の方には粒々のウニがいっぱい沈んでいる。

そこで、そのウニだけを掬い取って食べることのできる特製の中華匙《さじ》（散蓮華《ちりれんげ》）を使うのである。その匙はステンレス製で小さな穴が多数開けてあり、匙をスープの底に入れて掬い上げると、沈んでいたウニは匙に残り、スープは穴から下の容器に戻るというものである。

こうしてひとっかけらのウニも残すことなくいただき、最後はスープまで完全に啜り込んでオールドリバーを後にする。

Ⅲ　秋の味覚

第7章　豊饒の海に銀鱗が躍る

サケ騒がせの時、到来

まさに秋の北海道の海や川は豊饒《ほうじょう》そのものである。それを代表する秋の走りものが「シロザケ」（白鮭）である。サケ類中、一般に「サケ」と呼ばれるのがこのシロザケのことで、北海道では「アキサケ」と呼んでいる。アキサケは毎年九月頃から十一月にかけて産卵のために川に遡上《そじょう》する直前に沖合で捕獲したものをいう。この沖獲りのサケは脂肪ものり、メスは豊満に卵巣を抱えていて、一番味がいいというので、北海道ではアキサケと言う人よりも「アキアジ」（秋味）と呼ぶ人の方が多い。

そのため石狩川《いしかりがわ》のような大きな川では、河口付近の沖に定置網を置き、捕獲することが多い。とにかくこのアキサケは、やや茜色《あかねいろ》を帯びた明るい赤色の肉が美しく、身も柔らかく滑らかで、脂《あぶら》もしっかりとのってクセもないので、実にいろいろな料理に使われる。生のアキサケだと一度冷凍したもので刺身、筋子《すじこ》やイクラ、塩焼き、チャンチャン焼き（一五七～一五九頁に後述）、鍋物、汁もの、バター焼き、フライなどに、また加工では新巻《あらま》き、山漬け、スモークサーモン、飯鮨《いずし》、缶詰などに使われている。アキサケには体長一メートル、体重一〇キロを超す大物もいるが、平均は体長七〇センチ、体重五キログラムほどである。

北海道にはアキサケの漁場がたくさんあり、知床《しれとこ》半島の東の沖合で行われる羅臼《らうす》の定置網漁は九月一日にスタート、本格的な冬を迎える十一月末まで三ヶ月間にわたって続き、その間、漁港はアキアジ一色に染まる。夜明け前に漁場へと出港、水揚げして深夜から早朝にかけて帰港し、すぐさま陸揚げとなるのである。また、日高《ひだか》沖の海域は、親潮と黒潮が激しくぶつかり合って合流する世界でも有数の海産資源に恵まれた豊かな漁場である。ここではたくさんのサケが回遊しているので「鮭街道」とも呼ばれ、日高町やえりも町の沖合はその中心である。

私はその日高町に行ったとき、「銀毛鮭《ぎんけさけ》」と呼ばれるブランドサケの中でも、さらに数の少ない「銀聖《ぎんせい》」と呼ばれる幻のアキサケを食べたことがある。運のいいことに、北海道庁農政部の巡回の途中に立ち寄ることができたのである。日高沖で獲れたアキサケは大型で味がよく、特に銀色に輝く鱗《うろこ》を持った魚体を「銀毛鮭」と呼ぶが、その中でも網元によって厳選された特別のものを「銀聖」と呼んでいる。「銀聖」は日高町、新冠町《にいかっぷちょう》、新《しん》ひだか町《ちょう》、浦河町《うらかわちょう》、えりも町など日高振興局管内の海域で、定置網漁業で捕獲される天然アキサケの特別ブランドの名称である。日高地方で水揚げされるサケの中でも、わずか五パーセントという稀少《きしょう》なアキサケなのだ。さすがに魚体は大型でしっかりしており、背側の皮は濃い群青《ぐんじょう》色《いろ》を帯びた黒色、腹側は白銀そのものである。

その切り身を見ると、肉は鮮やかな赤を強めた茜色で、全体にうっすらと脂肪がのっており、特に身と皮の間、身と骨の間、そして砂ずりといわれる腹の方には白くブヨブヨとしている脂肪の層が見えた。私はその「銀聖」の持ち味をしっかりと吟味してみようと、生の切り身にただ塩だけをパラパラと振った塩焼きにしてもらい、食べてみた。焼き上がった身はなかなか大きめの切り身で、赤かった身はピンク色になり、全体が滲《にじ》んできた脂肪でテカテカと照り輝いている。皮にはところどころに焦げ目が見え、焼きたてであったので匂《にお》いを嗅《か》いでみると、その匂いからもうま味が読めた。全く生臭みがないばかりか、ほんのりと甘そうな匂いがし、そして脂肪の焦げからは香ばしささえ送られてくる。私はかねがね、サンマでもイワシでもサバでも、新鮮でしっかりしている魚体からは、焼くと食欲をそそるほどの香ばしい匂いが出るものだ、と思い続けてきたが、このときの「銀聖」はそれを一層強く認識させてくれた。

その焼きたての身の中央あたりに箸《はし》を入れ、やさしく切り分けるようにしてから、その一片を口に入れて噛《か》んだ。身は歯に応《こた》えてホクリ、ポクリとして、それが崩れていくとそこから重厚なうま味と軽快な甘み、そして脂肪からのペナペナとしたコクなどが湧《わ》き出してきて、これまであまり味わったことのないほどのおいしさがそこにはあった。振った塩の量も絶妙だったせいか、その塩のおかげで甘みが一層引き立った。

　根室《ねむろ》地方（標津《しべつ》、羅臼、野付《のつけ》など）、北見《きたみ》地方（ウトロ、網走《あばしり》、斜里《しゃり》、常呂《ところ》、紋別《もんべつ》など）、稚《わっか》内《ない》地方（枝幸《えさし》、猿払《さるふつ》など）、釧路《くしろ》地方（広尾《ひろお》、厚岸《あっけし》など）、日高地方（庶野《しょや》、えりも、浦河、荻伏《おぎふし》など）、渡島《おしま》地方（江差《えさし》、松前《まつまえ》、知内《しりうち》、木古内《きこない》、函館《はこだて》、戸井《とい》など）、室蘭《むろらん》地方（室蘭、苫小牧《とまこまい》、白《しら》老《おい》、伊達《だて》、長万部《おしゃまんべ》など）、石狩地方（石狩、厚田《あつた》、浜益《はまます》など）、留萌《るもい》地方（留萌、増毛《ましけ》、羽幌《はぼろ》など）、後志《しりべし》地方（岩内《いわない》、寿都《すっつ》など）、小樽《おたる》地方（小樽、余市《よいち》、積丹《しゃこたん》など）などにアキアジの定置網があり、とにかく夏から秋にかけて、北海道はアキアジ騒がせの日々が続く。

　私は、そのアキアジを使った「山漬け」という保存作業に幾度も立ち会ったことがある。サケの山漬けとは、大きな木樽《きだる》の中に生サケを山のように塩とともに積み上げ、重石《おもし》をして塩蔵し、発酵と熟成をさせる江戸時代からの伝統的製法である。サケから余計な水分が抜け、発酵と熟成をさせることによりサケのうま味が濃縮されて、抜群においしくなるのである。この山漬けは、冷蔵技術がまだ発達していない江戸時代、保存目的で行われていたが、今日の日本人の代表的食文化のひとつである「塩鮭《しおじゃけ》」が誕生するきっかけになった技法である。北はサハリン（樺太《からふと》）から北東の千島《ちしま》列島、北海道を経て南は本州北部にまたがる地域に居住していたアイヌ民族によって行われたものである。この海域一帯は原料となるサケの豊漁の地であったからで、おいしく食べられる上に保存が利くという、実に巧妙な知恵であった。

釧路はサケの一大漁港であるが、それを使った塩引き鮭は昔から美味で知られてきた。それはつくり方に手間と知恵に裏打ちされた伝統があるからで、今のようにサケの腹を割って内臓を出し、それに塩をまぶしただけの塩鮭とは全く異なる製法なのである。それが「山漬け」で、よく「昔の塩引きはうまかったなあ」なんて言う人がいるが、それはたいがいその山漬けなのである。手間と何ヶ月という時間を要するので今ではほとんどつくられなくなった幻の塩引きだが、私は何度も釧路に行って山漬け作業を見学させてもらった。釧路の沖で獲れたピチピチのアキサケの、六キログラム以上の巨大なオスだけを原料としていたので、なぜオスだけなのかと聞くと、アキサケのメスは卵を腹いっぱい抱えているので、肉身の方はうま味が足りないからだということであった。

その山漬けのつくり方は、腹を割って内臓を取り出してから、天然粗塩《あらじお》を腹の内側はもちろん、サケ全体に大量にまぶす。そのサケを大きな漬け樽に塩とともに何百匹と山のように重ねて漬けていく。「山漬け」の名はここから来たのである。こうして樽の八分目ぐらいまでサケと塩を積み上げ、さらに樽の上まで塩をてんこ盛りにする。そして今度はその塩の山に蓆《むしろ》をかぶせ、さらにその上に塩を盛って重石を載せ、そのまま数ヶ月漬け込むのである。その間、手返しといってサケの向きを変える作業を三回行い、サケはたっぷりの塩を吸いながら、余分な水分を外に出すので、ときどきその水を掬《すく》っては捨て、掬っては捨てる手間が続く。そうすることによりサケの身からは水分のみ出て、大切なうま味成分は完璧《かんぺき》に肉の中に固定されてしまうので、出来上がった塩引き鮭の味は実に濃いものとなる。なにせ、漬け上がったサケの重さが、漬ける前のものの半分になってしまうのだから、味が濃くなるのは当たり前なのだ。漬け上がったサケの山漬けを三枚おろしに割《さ》くと、その身の色は、肉感的なほどに妖《あや》しい代赭色《たいしゃいろ》を帯び、天然美色そのものである。

その切り身を焼くと、表面には塩が噴き出してきてとても味が濃くしょっぱい。ところが、郷愁を思わす昔そのままの塩引き風味が食欲をどんどん喚起させ、少しの肉片でも飯の三杯はあっという間に胃袋にすっ飛んで入ってしまう。これは昔の人の知恵のひとつで、食卓にそうおかずが豊かでなかった時代、この山漬けは飯をいっぱい腹に入れてやるのには格好のものであったのだ。今はこの山漬けを、上手に塩抜き（水に少しの塩を加えて、そこに山漬け鮭を入れて数時間置く）してから出荷するのだが、こうして塩抜きをしても飯との相性は抜群によく、そのうまさには腰を抜かすほどである。

ベニザケ（紅鮭）もこの時期が旬を迎える。サケ類中で最も美味といわれ、肉の赤色が実に鮮やかである。あの赤色はカロチノイド系の色素で、ベニザケでは筋肉一〇〇グラム中二・六ミリグラムも含まれていて、アキサケの〇・四ミリグラム、サクラマスの〇・八ミリグラムと比べてもかなり多い。赤みが強い肉ほどうま味が濃いことが研究でもわかっている。

体長七〇～八〇センチ、体重三～四キロぐらいのが多い。産業的規模で回遊しているのは千島列島以北であるため、漁場も遠く、その上、ロシアとの漁業協定にもとづく漁業水域での束縛《そくばく》などもあり、とても稀少なサケである。そのため日本国内で流通しているベニザケのほとんどはカナダ、アラスカ、ロシアあたりからの輸入もので、国産もののベニザケは高価で取り引きされているのが現状である。

天然魚であるベニザケは北米、ロシアを中心に年間約七〇〇〇万尾ほど漁獲されているが、日本での漁獲はその〇・〇二～〇・〇〇一パーセント程度といわれている。それも、餌《えさ》を求めて回遊中のアキサケやカラフトマスに交じって偶然に定置網に捕獲されたものが大半だというので、稀少価値が高いのである。

私が石狩研究室で世話になっている札幌に本社のある佐藤水産は、そのベニザケを使った麹《こうじ》漬《づ》けの「さざ浪《なみ》漬け」を製造、販売しているが、それを焼いて食べると実にうまい。鮮やかな紅色の鮭肌に真っ白い米麹が浮き出るようにして点在し、あたかも茜色に染まった夕陽に白いさざ浪が重なったようだ。それを焼いて食べると、ベニザケからの優雅なうま味と塩麹漬けによってできた耽美《たんび》なほどの甘じょっぱみは格別で、飯のおかずにも酒の肴《さかな》にも格好である。

ホッケの開きに悶絶

秋はホッケ（𩸽）の季節でもある。魚偏《うおへん》に花と書くのは「海の表層に群れる稚魚が美しい青緑色をして花のようだから」とか、「産卵期のオスがコバルト色になり、鮮やかな唐草《からくさ》模様が見られるから」など諸説ある。名前のホッケの由来は「北方の魚」のことで、「北方」を「ほっけ」と読めるからだという。そのホッケには「マホッケ」（真𩸽）と「キタノホッケ」（北𩸽）の二種類があり、通常マホッケのことを「ホッケ」、キタノホッケのことを「シマホッケ」と呼んでいる。

ホッケは、日本で漁獲されるもののほとんどが北海道周辺で占められていて、まさに「北海道の味」といわれる魚である。体長六〇センチに達し、底曳《そこび》き網、定置網で捕獲される。一方シマホッケは体長四〇センチほどで、ホッケより北の千島列島沿岸海域に多く、暗黄《あんこう》色《しょく》の地に茶褐色のまだらや縞《しま》の模様が特徴である。

ともにフライ、照焼き、煮付けなどで食べられ、開き干しは殊《こと》に有名で、居酒屋へ行くと「ホッケの開き」、定食屋へ行くと「ホッケ焼き定食」は定番である。どちらの方がうまいかというとホッケ（マホッケ）の方で、特に開き干しは食味がいいので人気である。私はホッケの開きの焼きたてでご飯を食べるのが大好きで、北海道のあちこちの定食屋で食べている。

たとえば小樽市の三角《さんかく》市場の食堂や市内祝津《しゅくつ》にある青塚食堂あたりだ。

ところでホッケには「塩ホッケ」と「ホッケの開き干し」（「ホッケの一夜干し」）とがある。塩ホッケは、新鮮なホッケの切り身を水洗いして血などを取り除き、水気を拭《ふ》き取る。それを塩水の中に漬け込んで三〇〜四〇分置く。水気をよく拭き取り、笊《ざる》やタッパーにキッチンペーパーを敷いてその上にホッケをのせ、一日冷蔵庫に寝かせたものである。一方ホッケの開き干しは、新鮮なホッケを開き、血合いや目玉を取り除き、一度よく拭いてから三パーセントの塩水に五時間ほど漬け、それを干し網や笊などに入れて一晩干したものである。大きな違いは、切り身を塩水に漬けるか、開いたものを塩水に漬けてから干すかだ。

道民にとって焼き魚の首座はホッケの開きと決まっている。酒の肴に、ご飯のおかずに、これがあると誰もがほほえむ。

その塩ホッケを焼いて飯のおかずにしたことがあったが、私はそのとき正直に申してこの世のものとは思えないほどの美味の感動を覚えたのであった。たかが塩ホッケ一切れでそんなに感じ入ってしまうなんて、先生の感受性は異常ではありませんか、なんて心配する人もいるかもしれないが、そんなことはない。なぜかと言うと、そのときの異常なほどのおいしさを今もって昨日のことのように覚えているからである。

かつて私が勤めていた東京農業大学は、網走市に北海道オホーツクキャンパスを構えていて、そこに生物産業学部がある。あるとき、そこから講演の招請を受けて、新千歳《しんちとせ》空港から女満別《めまんべつ》空港に向かった。講演が終わり、その日の夜は市内の「喜八《きはち》」というとてもおいしい肴を出してくれる料理屋で食事をした。この店は私の大好物のクジラ料理なども出て、また地元の鮮度抜群の魚介が出るのでよく行く。食事を終えて店を出るとき、従業員の若い人に「ホッケのうまいのを買うとすれば、どこへ行ったらいいのかなあ」と聞くと、彼はしばらく考えてから「港町《みなとまち》六丁目かすぐ近くの南四条あたりの水産物売り場に行くといいですよ」と教えてくれた。

翌日の新千歳空港行は午後の便だったので、ホテルをゆっくりと出て教えられた街に向かった。すると網走番屋という建物があり、その中に入ってみると、なんと運のいいことにある店の前に赤地に白字で染め抜いた幟《のぼり》が立っていて、そこに「羅臼産ホッケ」と書いてあった。私はその店で「塩ホッケある?」と聞くと「あるよ!」という返事。嬉《うれ》しくなって見せてもらうと、やや太めのホッケの切り身で、皮の表面を触ってみるとベタベタしていない。そして指先でちょいと押してみると、ムッチリと弾み返ってくるような感触があった。これはよくできた塩ホッケだわい、と素人ながらも見立てをして、丸々一本分の切り身を買った。それを小型で発泡スチロール製の熱遮断《しゃだん》ボックスに入れてもらい、夕方札幌の家に着いた。

急いで飯を炊き、その炊き上がりに合わせるようにして塩ホッケを焼いた。その日のおかずはこれ一品。皮の付いた切り身をじっくり、こんがりと焼き、それを中皿に取り、炊きたてのご飯で食べた。まずパリパリとした塩ホッケの中央あたりの皮の上から箸を入れ、ごそりとほぐすと、皮がめくれ、そこから湯気がふわりと立ってきた。皮の中の肉はやや淡い黄色を帯びた白い身で、それを皮ごと箸で取って口に含んで噛んだ。すると口の中には瞬時に少しシャープな感じの甘みが広がり、そしてすかさず今度はそこに爽《さわ》やかで青空のように澄んだうま味が重なってきて、さらにそれをじゅんわりと溶けてきた脂肪のペナペナとしたコクが包み込んで、頬落舌踊《ほおらくぜつよう》の妙味を味わえた。そして加減がちょうど至当であった塩味が、それらのうま味や甘みを引き立たせ、妙味熟成の役割を果たしていた。

さて、そのホッケの塩焼きが、私に美味の感動を与えてくれたのは、皮の内側に付いていた脂肪層であった。箸の先で何気なく皮を剝《は》いでみて気付いたのだけれども、皮の内側と身の間にプヨプヨとした白みを帯びた透明な脂肪がぺっとりと付いている。私はその部分を、箸先で過《よ》ぎるようにして集め、それを口に含んでみると、瞬時にしてそのプヨプヨは溶けてペナペナになり、そこからボワーッとしたような、あるいは軽く押してくるような感覚のコクを感じたのであった。その味はただ微《かす》かな甘みのみであとは感じない。

そこで思い切って、その塩ホッケの皮をくるりと剝がしてみると、皮の内側前面に透明の脂肪層がびっしりと付着していた。それを見たとき、私は一計を案じて、その脂肪の付いている皮面を上にして別の小皿にのせ、その上に皮を剝がされた身を箸でむしり取ってのせたのである。つまり皮に付いている脂肪層の上にむしり取った身をのせたというわけである。感動の美味はここからである。

茶碗《ちゃわん》に炊きたての温かい飯を盛り、その上に脂肪の付いた皮と身を箸で千切ってのせ、食べた。口に入れて嚙むが早いか、もう脂肪は溶けて口の中全体にペナペナと広がってそこから微かな甘みが湧いてきた。さらに嚙むと、身からの優雅でやさしいうま味と甘み、ホクホクとした飯からの耽美な甘みなどが口中で融合、合体し、それをほどよい塩味が包み込んで、感動的なおいしさを味わったのである。

次に、その脂肪がプヨプヨと付いた皮の上の身に、醬油をチョチョンとほんの数滴垂らしてから、それを飯とともに食べてみた。すると今度はどうであろうか。それまでのおいしさの上にさらにうま味が積層し、そこに飯の優雅な甘みがかぶさって第二波の感動的おいしさを感じたのであった。醬油をほんの少し垂らしたのは、このようなときによく行う私の秘技のようなもので、醬油の数滴が織り成す魔法《マジック》なのである。

シシャモの雌雄、どちらがうまい？

シシャモ（柳葉魚）も秋に美味な魚である。名はその形が柳の葉に似ていることからアイヌ語の「シュシュハム」（柳の葉）に由来している。この魚は日本の固有種で、分布域が非常に狭く、世界中でも北海道の太平洋岸だけにしか生息しない貴重な魚種である。川で産卵および孵化《ふか》し、海での成長後に川に戻る遡河《そか》回遊魚である。

そんなに貴重な魚なのに、全国どこのスーパーでもパックされて「シシャモ」として安く売られているのはなぜだろう、と思う人がいるのは当然である。実は北海道では漁獲高が減少して、別種のキュウリウオ（胡瓜魚）や輸入品のカラフトシシャモ（カペリン）がシシャモとして売られている。そのため今日では「シシャモ」という場合はこのカラフトシシャモを指すことが一般的なのである。日本固有のシシャモはシシャモ属、カラフトシシャモはカラフトシシャモ属に分類され、明らかに異なる種族の魚だ。

シシャモは、二年で成熟しメスは沈性卵《ちんせいらん》（川底の砂礫《されき》などに付着する卵）を産むが、魚の中でも抱卵の数は圧倒的に多い。たった一五センチ程度の魚体に、四〇〇〇～一万粒もの卵を持つというのだから驚きで、「子持ちシシャモ」が人気となって賞味されるのである。

北海道固有のシシャモは、太平洋側の内浦湾《うちうらわん》（噴火湾）から厚岸湾に及ぶ沿岸地域にのみ分布しているため、漁獲組織は胆振《いぶり》漁業協同組合、日高漁業協同組合、釧路市漁業協同組合などにより行われている。漁期は毎年十月から一ヶ月間、年間漁獲量は約三〇〇トン。水深一二〇メートル以浅の水域で漁獲され、広尾町が水揚げ量では首位である。産卵地は胆振のむかわ町を流れる鵡川《むかわ》が主で、そのため鵡川産のシシャモはブランド品として高い人気を誇っている。私はかつてその鵡川町（当時）の古い旅館に泊まったことがある。その旅館の近くに、古くから鵡川のシシャモだけを扱ってきたという老舗《しにせ》のカネダイ大野《おおの》商店を紹介され、そこで干したオスとメスのシシャモそれぞれ一〇尾ずつを買った。それを旅館に持っていき、オスメス二尾ずつ焼いてもらい、残りは札幌へ持って帰ることにした。

そのオスとメスを比較してみると全然容姿が異なる。まずその大きさで、オスは優に二〇センチは超え、中には二五センチクラスもあったが、メスは一五センチほどである。腹部は、オスはすっきりと締まっているのに対し、メスは卵を豊満に抱えてはち切れそうに膨れていて、薄い皮から卵が透けて見える有様である。体色はオスは全体に黒みを帯びた白銀色であるのに対し、メスは腹側の抱卵部を中心に淡いピンク色を刺し込んだミカン色をしている。

そして、何と言っても最大の違いは顔付きである。メスの顔は通常の魚のようにどことなく平穏で、やさしい顔付きをしているのに対し、オスは全く違っていて、激しく闘争的で、精悍《せいかん》な風貌《ふうぼう》をしている。このオスの顔、どこかで見たような気がするのでしばし思い返してみると気が付いた。南部《なんぶ》（岩手県）でよく見られる塩引き鮭の鼻曲がり鮭と酷似しているのである。少し口を開けたあたりは、まさに南部鼻曲がり鮭の塩引きの顔だ。

さて、このオスとメスはどちらが美味なのであろうか。ただし値段は圧倒的に卵を抱えたメスの方が高い。結論的に言えば、私の場合はオスに軍配を上げる。オスは卵がないため栄養やスタミナ成分が身全体に行き渡り、その身も引き締まって脂がのっている。それを干すと、水分が飛んで一層身が締まり、体の表面には脂が噴き出しテカテカと光り輝いているのである。

一方で、メスのよさは、何と言っても卵の濃厚な味と、プチプチとした卵の歯応えや舌触りである。柔らかく固まっている卵はモッコリ、ホッコリとし、それを歯で噛みしめると、卵の塊が潰《つぶ》れて、そこからジュルジュルとコクを伴った濃厚なうま味が湧き出てくる。これに対して、焼きたてのオスの身をかじると、噛みしめるたびに濃いうま味と脂からのコクが出てきて実にうまい。つまり、身の味はオス、食感はメスということになると私は思うのである。

サンマは釧路に限る

秋の北海道の海の幸の代表選手はサンマ（秋刀魚）である。ここ数年、海水温の上昇や乱獲の影響のため水揚げ高は急減しているが、それでも北海道の秋の味は何と言ってもサンマである。以前は丸々と太った巨大サンマばかりであったが、今は細めのものばかりで型も大きくない。その大漁に沸く数年前の、あのおいしかったサンマのことを、残していた備忘録を頼りに思い出して述べることにする。

あるとき釧路市の魚谷益三さんが、釧路港に水揚げされたサンマをなんと二〇尾も、氷詰めにして札幌の家に送ってくれた。そのサンマは例年になく大型で、腹の方は眩《まぶ》しいほど明るい白銀色、背の方は黒が少し混じった薄い青色、体はピンと張り詰め、さらに新鮮さの決め手となる目はキリッと輝いて澄んでおり、まるで生きているかのようであった。こうなると、食べ方のひとつは刺身と決めた。あとはもちろん塩焼きにして、その焼きたてに醬油をかけて真っ白い炊きたての飯のおかずにしよう。

こうして二日間、刺身と塩焼きを堪能《たんのう》したが、まだずいぶんと残っているので、あとは開きにして干し、保存食とすることにした。頭を残したまま通常通りに腹開きにし、それをさっと水洗いして水気を拭き取り、あとはベランダにある魚干し場に吊《つる》して日光に当てた。もちろんカラス対策も怠らず、魚干し網も使った。

干して二日目の夕方、サンマの表面の脂肪が溶けてきて、吊されている尾っぽの最下端に琥珀色《こはくいろ》に光る小さな油滴が出始めた。これで干しは終了。その日は、干し上がったその開きを焼いて飯のおかずとしたのである。焼き始めると、表面がプツプツピッピッと鳴り出して、周辺が焦げ始めて、ほのかに煙が起こってきたところで、ひっくり返して皮側をさっと焙《あぶ》る。こっちの表面もプップツと鳴り出して、皮があちこちで小さく膨れて、全体が少し焦げ気味になったところで焙りは終了。まだピッピッ鳴いている開きに醬油をチョチョンと垂らし、箸を入れて身を小さくほぐすと、そこから湯気がふわっと起こってきた。そのほぐし身を、炊きたてで熱くて真っ白な飯の上にのせて食べた。サンマからの濃いうま味と脂肪のコクがジュルジュルと溶け出してきた。それが醬油の熟したうまじょっぱさと、飯からの上品な甘みと一体となって、誠にもって美味の感覚に陥ったのであった。

たかがサンマの開き、されどサンマの開き。このたった一枚の開きで、これほどの味覚極楽を味わえるのだから、サンマは偉い。

また、その釧路のサンマの開きが底を尽く頃、今度は釧路市の隣の白糠町《しらぬかちょう》に住む友人から、これまた丸々と太った大型のサンマが氷詰めされて届いた。この時期サンマが多く届くので、開きにしたり、味噌漬けにしたりで本当に忙しい。この友人からのサンマも刺身にしてショウガ醬油でいただいたり、塩焼きで楽しんだりしたが、このときは大好物の蒲焼《かばや》きでも楽しんだ。

まずサンマの頭を去り、腹を割いて腸《わた》を抜き、一度洗って血と汚物を流して水気を切る。それを腹開きにしてから中骨《なかぼね》を抜く。タレは、鍋に醬油を一、日本酒を二、味醂を一・五の割合で入れて煮詰める。サンマをまず身の方から焼き、焼けたら裏返しにして皮の方をやや焦げ目がつくぐらいに焼き、両面に刷毛《はけ》でタレを塗りながら、弱火でこんがりと焼いて出来上がりである。

その焼きたてを皿に何枚かのせ、まずその一枚を取り皿に移し、粉山椒《さんしょう》を軽く振る。それを箸で千切って口に入れて嚙むと、瞬時に鼻孔から蒲焼き特有の香ばしい匂いと甘じょっぱい香りが抜けてくる。そしてそこからサンマ特有の濃いうま味がジュルジュルと、脂肪からのコクがペナペナと湧き出してくる。そこにタレの濃厚な甘みと熟《こな》れたうまじょっぱみが重なっていくものだからたまらない。噛むほどに涎《よだれ》はあふれんばかりに分泌《ぶんぴつ》する。

もちろん、この蒲焼きを炊きたての丼飯の上にのせて「サンマの蒲焼き丼」として賞味したが、鰻丼《うなどん》とはまるで違ったおいしさがそこにはあって、とても嬉しい至福のひとときとなった。

恍惚を誘うエゾアワビ

晩秋になると北海道の鮨屋《すしや》にはエゾアワビ（蝦夷鮑）が鮨種に加わる。産卵期は夏なので、その前の晩春から初夏にかけてがおいしいという人もいるが、市場に出回り始めるのが十月末から十一月なので、この時期のものが旬とされ、身が締まっておいしい。本来の生息域は北海道のように水温の低いところなので、大きくても殻長一〇～一二センチほどで、温海のクロアワビ（黒鮑）の殻長《かくちょう》平均二〇センチより小型である。

肉質部の縁《へり》はやや硬いが、肉味はクロアワビに匹敵するほどの美味で、北海道鮨の愛好者にとっては垂涎《すいぜん》の的である。水深一〇メートル以浅の岩礁《がんしょう》域に多く生息していて、昆布やワカメなどの海藻《かいそう》類を食べている。津軽《つがる》海峡に面する松前半島周辺や日本海側の積丹半島周辺、石狩、留萌、宗谷《そうや》総合振興局の宗谷、稚内、利尻島《りしりとう》、礼文島《れぶんとう》、浜頓別《はまとんべつ》、オホーツク総合振興局の紋別、網走、そして内浦湾や日高周辺など北海道の広い範囲で捕獲されている。
　私が行きつけの札幌市西区八軒《はちけん》の「ふじ寿司」でも、この時期になるとつまみにも握りでもこのエゾアワビを出してもらう。とにかくこのエゾアワビ、江戸前のクロアワビと比べれば半分ほどの大きさしかないから、肉身を刺身にして食べるとなるとかなり小さい。ところがその刺身を口に入れて噛むと、いやはや硬いのなんの。コキリ、コキリ、シコリ、シコリとして、やっと噛み潰していくと、そこから絶妙のうま味、優雅な滋味が湧き出し、そこに貝類に共通する繊細な甘みも湧き出してきて、鼻孔からは潮の匂いが微かに抜けてくるのである。

エゾアワビは、本州に生息するクロアワビに比べると小型であるが、うま味や歯応えはほとんど同じである。北海道ではよく採れて、価格もクロアワビよりいくぶん安く、道民にはありがたい貝である。

　そして鮨飯とともに握ってもらって、その一貫もろともを口に入れて噛む。すると飯はホコホコと歯に潰されていくが、アワビの方はコキコキしてなかなか頑固だ。しかし、辛抱強く噛みながら、アワビと飯の硬軟のせめぎ合いと、そこから出てくるアワビの絶妙なうま味と飯の耽美な甘みを堪能する。するとそこから食のトランス状態のような陶酔が起こって、うっとりとしてしまい、己の存在すら遠のいていく。

エゾアワビにはまた、次のような体験もある。稚内市に行って泊まった夜、例によってホテルの近くの小さな居酒屋に入り、品書きを見ると「活エゾアワビの造り」というのがあったので頼んだ。「へえぇ先生、豪勢ですねえ。アワビの刺身を平気で頼んじゃうなんて」と思っている人のために言っておくが、エゾアワビは、東京のクロアワビなどとは比較にならないほど安いのである。うま味はクロアワビに負けてはおらず、歯応えといったらエゾアワビの方がずっと上なのに、型が小さいために安いのだ。たとえば八〇グラムぐらいの一個だと一〇〇〇円以下（だいたい八〇〇円ぐらい）で買えるが、クロアワビなら二〇〇グラム一個で約六〇〇〇円は下らない。

その活エゾアワビの刺身を注文したところ、その刺身と一緒に大人の親指ほどの大きさで、先端が尖《とが》ったような奇妙なものが小皿の上に三個ほどのってきた。色はやや黒みを帯びた黄《こ》金色《がねいろ》で、トロトロとした感じのものである。いったい何かと主人に聞いてみると、アワビのウロの塩辛だという。ついでに、刺身にしたアワビはどこ産かと聞くと、主人はよくぞ聞いてくれたという顔と張りのある声で、「利尻のエゾアワビだわさ。利尻の真昆布はね、日本一のだしの取れる昆布で有名なのさ。値段も日本一高い昆布だもんね。その昆布を食って育ったアワビだもの、味は最高なんだわ」と胸を張って言った。

私は、確かに理屈は合っているなあと思いながら、その刺身を食べて驚愕《きょうがく》した。天然のアワビが真昆布のだしを吸収したかのようなうま味を強く持っていて、コリリ、コリリと噛めば噛むほどにそこから濃厚にして優雅なうま味が湧いて出てくるのであった。アワビのウロの塩辛も感動の香味であった。ウロとは肝《きも》のことで、その塩辛のつくり方を聞いてみると、エゾアワビから肝を外し、水でよく洗い、水を切ってから肝の量の約一二パーセント（肝一〇〇グラムなら塩一二グラム）を加えて塩漬けし、それから一五日間は毎日一回かき混ぜて冷所で発酵させる。こうして二〜三ヶ月間発酵と熟成を続けたものであるという。

私はそのウロのひとつを箸でつまみ取り、ピロロンとしたそれを半分ほど前歯で噛み切ってコロリと口の中に入れて噛んだ。するとウロは歯に潰されてネトリ、トロリと口中に広がり、そこから濃厚なうま味とクリーミーなコク、まっとりとした舌触りなどが広がってきた。そして鼻孔からは微かな潮の香りと、そして驚いたことに干した昆布のあの肉感的な匂いが抜けてきたのであった。さすがに日本一の昆布を食べて育ってきたアワビだけのことはある。私はその香味に感動し、涙まで出てきたのであった。

そのときのウロの塩辛は、その店の主人がつくったものであった。私は帰り際、酒の力も借りて「このウロの塩辛、少し分けてもらえないだろうか」と大胆なことを言ってしまった。すると主人は、店の分があと少ししか残っていないのでそれは無理だと言いながら、なんともすばらしいことを教えてくれた。利尻島に行くとウロの塩辛の極上のものが買えるかもしれない、というのである。

そこで私は翌朝の第一便で利尻島に渡り、その塩辛を探してみたのだけれど、すでにどこの土産店も漁協の販売店も完売に次ぐ完売で、島には一瓶も残っていないという。なぜそんなことになるのだろうかと漁協の人に聞いてみると、利尻島のアワビのウロの塩辛は超の付く大人気で、毎年の顧客が予約注文していたり、札幌や東京あたりからもネット注文が入ったりして早い者勝ち状態。販売日の翌日で完売となる、ということであった。

川ガニと川エビの至福

秋の北海道は、川の味も忘れてはいけない。私の執筆や研究の主たる現場は滔々《とうとう》と流れる大河石狩川から一〇〇メートルも離れていない親船《おやふね》研究室である。爽秋《そうしゅう》のある暖かい日の昼、私は石狩川の土手の上からのんびりと川の流れを見ていると、遠くの川上から一艘《そう》のべか舟が下ってきて、眼下の舟着き場に係留した。舟に乗っていたのは、研究室からそう遠くない新築家屋に住んでいる漁師の国貞軍治《くにさだぐんじ》さんである。私は散策しているときによく出会うので、挨拶《あいさつ》がとっくに済んでいるだけではなく、最近は立ち話までする仲だ。

軍治さんは七十歳だと言っていたけど、がっちりした体軀《たいく》と張りのある顔は年齢を感じさせない若さがあった。私は堤防の上から手を振ると、手拭《てぬぐ》いで頰かむりした彼も私に気付き手を振り返し、すぐに煙草《たばこ》に火をつけて口にくわえるのが見えた。そして、こっちに来い、来いと大きく手招きする。

私が堤防からつまずきそうになりながら走って舟着き場に行くと、軍治さんは舟の上の竹《たけ》籠《かご》を見ろと言う。そこには握り拳《こぶし》大のモクズガニが何十匹と蠢《うごめ》いていた。それを見て、私はどうにも抑えきれないほどの喜びと興奮を覚えた。それというのも、私はさまざまなカニの真味《しんみ》をよく知り尽くしているからである。大学の教授時代、趣味が嵩《こう》じて機会あるごとに世界中を旅し、さまざまな食べものを味わってきた中で、大好物のカニはことごとく舌を滑らせ垂涎してきた経験を持つからであった。

日本では北海道の毛ガニ、タラバガニ、ハナサキガニ、北陸の越前ガニ、長崎のワタリガニ、沖縄のノコギリガザミやタイワンガザミ、小名浜《おなはま》のクリガニ、鹿児島のアサヒガニ、海外ではカムチャッカ半島の巨大なタラバガニ、アマゾン奥地マナウスの泥ガニであるカランゲージョ、アラスカのダンジネスクラブ（アメリカイチョウガニ）、カリブのストーンクラブなどなど枚挙に暇《いとま》がないほど多種多様のカニを食してきた。

カニというのは、種類によって味は千差万別といったほど違いがあって、またそのあたりが楽しみであるのだけれども、これまでの私の舌の分析では、海産のカニよりも淡水のカニの方が断然美味だという結果が出ている。それは確かに、ズシリと重く身の詰まった最高値をつけられた毛ガニの上品な白い身と山吹色のみそのうまさといったら舞い上がってしまうほどおいしいし、越前ガニの上品な甘みにも頬落舌踊するのであるが、たとえば中国の上《シャン》海《ハイ》ガニや南米のカランゲージョのような淡水系泥ガニ、そして日本の河川に生息しているモクズガニを食べてみると、海洋性のものとは味が全く異なる。野趣がある上にいわゆるカニみその味が濃厚で、メスの持つ赤みがかった山吹色の卵巣のうまさは、耽美なほどきめの細かい甘みとうま味を持っていて秀逸であるのだ。

　軍治さんはカニ籠の中からモクズガニを一匹上手に手でつかんで私に見せてくれた。そのカニは実に大きくて大人の握り拳ほどあり、がっちりとした鋏《はさみ》や脚、褌《ふんどし》といわれる胸の下に折りたたまれた腹筋の部分にもモサモサと毛が生えている。

モクズガニ。上海ガニと同じ種類のカニゆえに、味も大きさもそう変わりはなく、極めて美味な川ガニである。カニみそも豊富で、筆者は一度に10パイは食べる。

「今年のカニはいいべさ。今袋に入れてやっから持っていって食ったらんめんばい」

　軍治さんはそう言うと、獲物のカニを入れて運ぶ木綿《もめん》製の袋に一〇匹ほど放り込み、袋の口を紐《ひも》でクルクルと縛《しば》ってから私に渡してくれた。カニの入ったその袋はズシリと重く、中でゴソゴソと蠢いているのが手に伝わってくる。

「いやあ嬉しいですよ。それじゃ遠慮なくいただいて、今夜はカニ汁、カニ飯、茹でガニで豪華な酒を飲《や》りますよ。今度また実家の酒届けますから」

そう言うと、私は心を弾ませてカニの入った袋をぶら下げ、土手を上ったところで振り返り、軍治さんに手を振って研究室に戻った。

その日は早めに札幌の自宅に戻ると、心を弾ませてモクズガニの料理をした。全てガサゴソと生きているカニなので、細心の注意をしなければならないことはよくわかっている。とにかくこのカニの逃げ足は驚異的なほど速く、ずっと前の話だが、九州から送られてきたモクズガニが一匹、家の中で逃げ出した。捕まえようとしてもその素早さにはどうにもならず、ついに台所の奥の方に逃げ込んでしまい、いったいどこに隠れてしまったのかわからなくなってしまった。それから一週間もの間、奥の方でガサゴソ這《は》い回っていたようだが、ついによろよろと力なく出てきたところを捕まえたことがある。

また、このカニの鋏に挟まれると、その激痛は指が千切れるのではあるまいかといったほど強烈な上に、とてもしぶとい奴《やつ》で挟むのをやめようとしないから大変なことになる。私はそのようなことを知っているので、まず軍手を両手に塡《は》めて万全を期し、蓋《ふた》付きの鍋に湯を沸騰させ、そこに布袋からカニを一匹ずつ取り出して、生きたままを五匹放り込んで茹でガニをつくった。一五分も茹でるとカニの甲羅は真っ赤になって眩しいほど美しくなる。次にカニの炊き込み飯をつくった。俎板《まないた》の上に鋏も脚もついたままの生きたカニをのせ、出刃包丁で左右二つにぶつ切りにする。これを二匹つくる。電気炊飯器で通常通り米三合を入れて洗米し、だし汁四〇〇cc、味醂《みりん》四〇cc、醬油四〇cc、酒四〇ccを加え、あとは定量線まで水を張り、その上にぶつ切りにしたカニを並べ置きしてからスイッチオン。残りの三匹も俎板の上で四つ割りにし、あとはそれを具にして通常の味噌汁をつくる要領でカニ汁をつくった。

こうして、軍治さんからいただいた初めての石狩川のモクズガニを賞味してみた。まず煮たカニを大皿に五ハイも盛ると、真っ赤な色彩の美しさだけでなく、豪快豪華そのもので私はそれを見ただけで、パブロフ博士の犬君のように涎が自然に出てきて興奮した。とにかくカニ一パイつかみ取ると、ズッシリとして重い。心ときめかせて胴部と殻部をパカッ！と割るようにして二つに引き離すと、わあ、凄《すご》い。嬉しい。甲羅の内側にも、胴体の中央部あたりにも、例の赤みがかった橙《だいだいいろ》色のカニみそがべったりと付いている。

すかさずそのあたりに口を付け、舌で舐《な》めたり、チュウチュウと吸ったりした。そのカニみその濃厚でコクのある味は、たちまちのうちに私の大脳皮質味覚野系器官に反射されて、もう極限の美味状態に達したのである。この世に人間がいまだ本性をつかみきれていない幻の真味があるとすれば、まさしくこの味かもしれない。「淡味集合して濃味を成し、その濃味強からずして無上の淡味を呈す」。私はこの石狩川のモクズガニの味をこう綴《つづ》った。

大型で褌の小さなオスガニのムッチリとした肉身は、甘く上品なうま味で充満し、また褌は大きいがやや小型のメスガニの赤みがかった妖しいほどの代赭色の卵巣は、クリーミーなコクと濃いうま味が絶妙であった。モクズガニの炊き込みご飯は、ぶつ切りにしたカニの身が飯の中にゴロゴロと入っていて、その飯粒はカニのエキスやカニみそなどを吸って、薄い橙色に染まっていてとても美しい。カニの身とご飯を丼に盛って食べたところ、飯のひと粒ひと粒にカニの甘みとうま味が付いていて、さらにカニみそや卵巣からのコクもクリーミーな感じに付いていて、それが飯の耽美な甘みに包み込まれて絶妙であった。

モクズガニの味噌汁も、濃醇《のうじゅん》なコクとうま味に満ちていて、飯にぴったりと合っていた。私は石狩川のカニの上品でやさしいうま味に感動し、食後はしばらくの間うっとりとしてしまった。これまで食べてきた全ての陸棲《りくせい》淡水系ガニに比べても、味は決して劣らず、すばらしいものであった。

昔は大変な暴れ川であった石狩川は、河口付近の生振《おやふる》、花畔《ばんなぐろ》、篠路《しのろ》あたりの数ヶ所で大きく曲がって大雨のたびに川が氾濫《はんらん》した。そのため大正七年（一九一八）に生振捷水路《しょうすいろ》（蛇行を直線化する人工水路）の建設が始まり、昭和六年（一九三一）にそれが完成し、石狩川は真《ま》っ直《す》ぐに流れる新しい水路に導かれた。

するとそれまで曲がっていた川の部分は取り残されて、旧石狩川という名前になる。そこに水は流れ込まないので、陸封されて三日月湖となった。その湖を昔の地名を取って茨戸川《ばらとがわ》と呼んでいる。石狩市、札幌市、当別町《とうべつちょう》にまたがった湖で全長は約二〇キロメートルである。「茨戸」の語源はアイヌ語の「パラ・ト」（広い沼）である。この茨戸川にはワカサギ、ヘラブナ、チカ、カワガレイ、モクズガニなど多くの魚介類がいて、周囲にはこれらを漁《と》って生計を立てている漁師もいるのである。

秋になると、三日月湖のあたりでひと月前まで咲いていたハマナスが真っ赤に染まった果実を付ける頃、湖上には真鴨《まがも》や真雁《まがん》が渡りの準備にやってくる。私がこの頃の三日月湖がとても好きなのは、親船研究室の近くに住む川漁師の「トムさん」が、ときどき生きているスジエビなどを研究室に届けてくれるからである。

本当のお名前は畑山勉《はたけやまつとむ》さん六十五歳で、名前の「つとむさん」から「トムさん」になったらしい。トムさんは木製の一人乗りの小舟に、キャリーハンドル付きのエンジンを固定したべか船を持っている。出会いは、トムさんが朝、漁をしている船着き場に戻ってくると、私はときどき漁の成果を見に行って、そこで会話をしたのがきっかけであった。その後はいつの間にか道で会っても談笑する仲になっていた。いつも頭に手拭いでねじり鉢巻きをし、吊《つ》りバンドの付いた防水ウェーダーを着装していて、川漁師そのもののトムさんなのである。

この茨戸川、通称三日月湖ではスジエビがよく獲れるので、トムさんはこのエビの漁も得意としていた。スジエビは別称カワエビとも呼ばれ、テナガエビ科に分類される体長四〜五センチのエビである。脚が長く両方の鋏もヌマエビに比べて大きく、目は左右に飛び出し、灰白色の半透明で、七本の黒い横縞が体の各所に入っているためこの名がある。昼間は石の下や水草の茂みの中に潜んでいて、夜になると動き出す。

トムさんは夜、大型のタモ網を持って漁場へ行き、水辺に沿って茂る草の下からそっとタモ網を入れて掬い上げて獲る。また、あらかじめ何日か前に川縁《かわべり》に沈めておいた枯れ草や枯れ枝を突然持ち上げ、落ちてくるエビを網で受ける「しばづけ漁」でも獲るのである。そして、獲ってきたエビは川魚専門の食品会社に納め、たいがいは甘露煮《かんろに》や佃煮《つくだに》にされて出荷されるとのことである。またこのエビは、ヌマガレイやウナギ、ナマズ、カワマスなどの川魚や海の魚の格好の釣り餌としても使われていて、結構いい仕事になるのだという。

早朝には川霧の起《た》つ十月初旬、船着き場に行ってみると、トムさんが漁から帰ってきたばかりだった。頭にねじり鉢巻き、体は吊りバンドの付いたウェーダーを着装し、口にはくわえ煙草で相変わらずのトムさんである。

「エビかね」

と私が聞くと、

「そだねー、エビだわ」

「いっぱい獲れた？」

「まーまーだわな」

と言って、大きな竹籠に入れたエビをべか船から抱えて下りてきた。私が駆け寄って籠をのぞくと、その中には灰白色で半透明、長さ五センチほどのスジエビがびっしりと重なって層を成し、一番上のエビはピョコンピョコンと跳ねている。

トムさんは、いつも小舟に置いてある湯呑《ゆの》み茶碗にそのエビを三バイばかり掬い取り、ビニール袋に入れて私に渡してくれた。

「少なっけけっど持っていって食えばいいさ。唐揚げにして塩振って食うとさ、ビールのつまみにやわ合うんだわ」

私はそのエビを嬉しく頂戴し、その日の夜に札幌の自宅で食べた。まず流水でよく洗ってからキッチンペーパーで水気を拭き取り、全体にさっと片栗粉《かたくりこ》をまぶし、一八〇度の油でカラッと揚げ、熱いうちに塩を振っていただいたのである。それを二、三尾口に入れて噛むと、殻が歯に当たってカリリ、コリリと応え、瞬時に鼻孔から揚げエビの香ばしい匂いが抜けてきて、口の中にはエビから出てきた耽美な甘みとやさしいうま味とが広がり、それらを揚げ油のコクが包み込んで絶妙であった。

第8章　豊穣なる大地からの贈りもの

秋は実りの季節である。肥沃な土壌を抱えた北海道の大地にも、豊かな農産物が所狭しと繁茂し、天高く馬肥ゆる時期となるのである。新米、新蕎麦《そば》、カボチャ、ナス、ナガイモ、白菜、ジャガイモ、キャベツ等々。そしてブドウや梨《なし》、リンゴといった果物、数々のキノコ類が次から次と食卓を賑《にぎ》わすのである。

北海道の農作物がなぜおいしいのかというと、まず肥沃な土壌である。酪農地から排出される牛糞《ぎゅうふん》などを原料として堆肥をつくり、それを田畑に撒いて作物を栽培する。次に日照時間が長いことと、昼夜の寒暖の差が大きいこと、そしてミネラル豊富な水である。各地に聳《そび》える峻峰《しゅんぽう》からの伏流水や河川は広大な土地をしっかりと潤す。

そして、私がいつも思っているのは、北海道開拓使の精神を受け継いで、逞《たくま》しい農業を築き上げてきた魂である。それは、寒冷地農業というハンデキャップを克服しようと北海道開拓使を継承した北海道庁や札幌農学校などの研究機関の努力が礎《いしずえ》となっている。特に北海道の気候風土に合った農作物の品種改良技術は早くから行われていて、ジャガイモ、トウモロコシ、カボチャ、白菜、キャベツをはじめ多くの品種が改良に成功してきた伝統を持っている。その品種改良に対する旺盛《おうせい》な精神は今日にまで伝わってきて、たとえば米を例にしても、かつては「北海道の米はまずい」というのが定評であったが、昭和五十五年（一九八〇）に北海道庁がおいしい北海道米の品種育成のためプロジェクト「良質米の早期開発」を開始、その八年後の昭和六十三年（一九八八）に「きらら397」を誕生させて、北海道米のイメージを一新させた。そして平成十三年（二〇〇一）に冷めてもおいしい「ななつぼし」を誕生させ、北海道米が全国に飛んでいった。さらに平成十五年（二〇〇三）に「ふっくりんこ」、平成二十年（二〇〇八）に「ゆめぴりか」が誕生すると、米の本場の新潟産「コシヒカリ」を凌《しの》ぐほどのものとなり、平成二十三年（二〇一一）、日本穀物検定協会の食味ランキングでは「ななつぼし」と「ゆめぴりか」が日本最高位の「特A」を獲得し、日本を代表する米どころに北海道が君臨したのは記憶に新しいところである。

新米に悟らされる

私はもう一〇年以上も札幌に住んでいるので、おいしい北海道米の恩恵にあずかっているが、とりわけ秋の新米は格別である。住んでいるマンションの近くに大きなスーパーマーケットがあり、新米が出ると入口に「道産新米入荷」、「新米ななつぼし入荷」などといった幟が立つ。それを待ってましたとばかりに買ってきて、電気炊飯器で炊く。

炊き上がった新米は、真っ白く、ピカピカと光り輝いていて眩しく、ひと粒ひと粒が立っているように見える。香りも、しばらく忘れかけていたあの甘く切ない飯の匂いそのものである。私はそのご飯を見て、匂いを嗅いですぐに、いつも「何のおかずもいらないな」と心で呟《つぶや》く。そこで、冷蔵庫に仕舞い込んでいた沢庵《たくあん》の古漬けを出してくる。この沢庵は、東京のデパートで買った「伊勢《いせ》三年沢庵」で、沢庵の古漬けが好きな私は、東京の自宅にも札幌のマンションにも常備しているのである。宿酔《ふつかよい》気味の朝に、この古漬けの沢庵を細かく刻んで、飯の上にのせ、そこに熱湯を注いだだけの「古漬け沢庵の湯漬け」に使って重宝しているのである。

炊きたての「ななつぼし」をご飯茶碗に盛り、沢庵の古漬けをひと切れのせ、あとは何も用意せずそれだけで食べる。真っ白く艶《つや》のある銀飯《ぎんめし》の上に、鈍い黄鼈甲色《おうべっこういろ》の沢庵は、とても対照的なのだけれどもなんとなく美しい

北海道米の稲穂。今や北海道の米は、これまでのササニシキやコシヒカリなどの銘柄米に引けをとらないほどのおいしさまで追いついてきた。

調和を見せている。まず沢庵を箸でつまみ、前歯で半分ほど千切《ちぎ》って口に入れ、あとの半分は飯の上に戻す。噛むとシコリ、コキリと歯に応え、そこからうま味と酸味、熟《な》れた塩味などが出てきて、鼻孔からは古漬け特有の発酵香と熟成香とが抜けてくる。そこに追いかけるようにして新米の飯を入れて噛むと、今度は飯のホクホクとした中から優雅な甘みが滲《し》み出てきて、鼻孔からは新米特有の馥郁《ふくいく》たる飯の香りが抜けてくる。そして口の中では、沢庵の酸味と塩味に新米の甘みとうま味とが絡まり合い、もうそれだけで我が大脳皮質味覚受容体は充満気味に達するのであった。噛み切った残り半分の沢庵で茶碗の飯は平らげ、二膳目も沢庵だけで食べ切ってしまった。こうして、北海道産の新米と沢庵の古漬けに「妙味必淡」、すなわち「妙味は必ず淡き味に宿る」の心を悟らされるのである。

蕎麦のユートピア

全国都道府県別の蕎麦の生産量は、北海道が断然トップの年間一万九三〇〇トンで、シェアは四三・一パーセント、二位が長野県の三九六〇トンで八・八パーセントである（二〇二一年）。つまり、日本人が食べる蕎麦の約半分は北海道産ということになる。北海道で蕎麦の生産がそのように盛んになったのは、夏は涼しく寒暖差の激しい気候が蕎麦の栽培に適しているからである。

幌加内町の蕎麦畑。春には大地いっぱいに花を咲かせ、秋にはおいしい実をたわわに付けて日本一の蕎麦どころとなる。蕎麦好きの筆者などは、この畑を見ただけで涎が止まらない。

そのため北海道には、蕎麦の名産地があちこちにあって、秋になると新蕎麦の収穫で生産者は繁忙を極める。地域的には上川《かみかわ》管内の幌加内町《ほろかないちょう》と音威子府《おといねっぷ》村、旭川《あさひかわ》、空知《そらち》管内の深川《ふかがわ》、十勝《とかち》エリアの新得町《しんとくちょう》が生産のトップ5で、特に幌加内町は作付面積と生産量とも日本一を誇り、蕎麦の町として知られている。また十勝エリアの鹿追町《しかおいちょう》や清水町《しみずちょう》、さらに川上《かわかみ》郡弟子屈町《てしかがちょう》も有名である。

　幌加内町では「ほろみのり」と呼ばれる独自の品種を開発して全国的に使われ、旭川市には「江《え》丹別《たんべつ》そば」というブランドの蕎麦があって、東京の老舗蕎麦店などでも使用されている。音威子府村は蕎麦生産の北限といわれ、本州での需要が高く、殻付きのまま出荷されている。新得町は開拓の頃から蕎麦を蒔いて育てる長い歴史を持ったところで、近くにある鹿追町では「キタハヤセ」や「牡丹《ぼたん》蕎麦」といった品種も栽培されている。深川市の殻付き蕎麦の「玄《げん》蕎麦」は首都圏で人気が高く、弟子屈町の蕎麦は霧で有名な摩周湖《ましゅうこ》の近くで栽培され、「キタノマシュウ」という品種は甘みが強い。このように北海道の蕎麦は、産地によって品種が異なったり、風味に特徴があったりといった特色を有していて、それこそが名実ともに北海道が蕎麦王国である所以《ゆえん》なのである。

私は北海道庁農政部の職員とともに十勝エリアにある新得町の蕎麦畑を視察に行ったことがある。そこには広大な蕎麦畑が広がっていて、ちょうど新蕎麦の収穫の真っ最中であった。収穫された蕎麦の実は新得物産の工場に行き、加工されていた。この会社内には「新得そば本舗」、「新得そばの館」などがあり、蕎麦の栽培や収穫、加工などの工程を学ぶことができる。私は帰りにこの会社の新蕎麦の乾麺《かんめん》を買って、札幌の家で茹でて食べたところ、その腰のよさや風味のすばらしさに一遍にファンとなり、以後蕎麦の乾麺はこれに決めている。

さて北海道を旅していると、御当地蕎麦と巡り合うことが多い。たとえばニシン漁で有名な渡島半島の檜山《ひやま》郡江差町に行ったときに食べた「ニシン蕎麦」は、甘じょっぱく煮付けた身欠《みがき》ニシンが熱い蕎麦の上にのっているものだったが、そのニシンの味付けがなかなか上品で、また蕎麦つゆとも合い、おいしかった。ところが食べていて気付いたことは、京都で食べるニシン蕎麦と全く同じものであることだった。調べてみると、江戸時代には冷凍技術などなかったので、ニシンを乾燥させて身欠ニシンをつくり、それを江差から北前船《きたまえぶね》で京都に運んでいた。そのとき、江差にあった豪商の横山《よこやま》家に伝わるニシン蕎麦のレシピも一緒に伝わっていったというのである。つまり京都のニシン蕎麦のルーツは江差にあったのだ。

滝川《たきかわ》市では「合鴨《あいがも》蕎麦」を食べた。熱い蕎麦の上に、上手に煮付けられた合鴨のロース肉がデンとのっていて、その脇《わき》に斜《はす》に切った厚めのネギが三切れ添えられていた。スープを啜《すす》ると、おそらく合鴨で取っただしだろうか、とても優雅なうま味が口中に広がり、また蕎麦も合鴨の肉も実に美味であった。実はこのとき、私はその合鴨を生産している滝川新生園《しんせいえん》に取材に行って、その合鴨蕎麦に出合ったのである。その施設は就労が困難な人のために就労継続支援事業所として昭和六十三年（一九八八）に開所されたもので、通所によって日中に作業活動を行っている。その作業の中に「あいがも肥育事業」があり、そこでおいしい合鴨の肉が生産されているのである。私はそのとき、働いている人たちが合鴨をいかに大切に育てているかを知った。幼鳥から成鳥になるまでの合鴨を隅々まで清潔に保ち、きれいな環境で育て、そして成長に合わせて餌の量や配合を調整し、運動までさせる。これでは本当においしい鴨肉が生産されるはずだと思い感動した。そしてその様子を私は日本経済新聞の全国版に書いたのであった。

釧路市では厚岸《あっけし》のカキ（牡蠣）を使った究極の「カキ蕎麦」に出合った。厚岸のカキの特徴は一年中生食が可能な上、殻がとても硬く、身も大きく、ポッテリしていて、実に美味だということである。生ガキもよし、焼きガキ、カキ鍋、鉄板焼き、カキ飯、フライと、どんな食べ方でも厚岸のカキは頬落舌踊《ほおらくぜつよう》に至るのである。

その厚岸から約五〇キロの地に釧路市がある。その釧路で厚岸のカキ蕎麦と出合って以来、私は今でもその手打ちのカキ蕎麦屋に行くのである。釧路市の鳥取大通《とっとりおおどおり》、といってもそう人がごった返すところではない道路の裏に、ちょっと隠れるようにして建っている昔風の蕎麦屋があり、「玉川庵《たまがわあん》」という。厚岸ガキだけを使った「カキ蕎麦」に命を懸けてきた蕎麦屋で、ここのカキ蕎麦が客にどれほどの感動を与えてくれるかというと、まず手打ちの蕎麦が完璧であること、次にカキがすべて厚岸産で新鮮そのもの。さらに、カキの身はすべてが大きく、丸々としていて、乳白色の肌に光沢が眩しいことなどで、当然カキの味は実に豊満である。

「いつものカキ蕎麦！」と言って席に座って待っていると、初めての人は出されてきたそれを見て、あっ！　と驚く。見事なカキが数え切れないほどゴロゴロと入っているのだ。カキ大好き人にとってそれは夢のような出来事で、しかしそれが現実であるのだから、もう興奮して心躍るほかはない。

逸《はや》る心を抑えて、まず丼を両手で持ち上げて匂いを嗅ぐ。そこからはカキからの磯の匂いと蕎麦の素朴な匂いが起《た》ち上ってきて、反射的に涎が口の中にあふれる。次に口を尖らせて汁をズーズーと吸う。すると今度は瞬時に口の中はカキから出てきた上品な甘みとだしのうま味で全体が染められる。

そして、いよいよカキを一個、箸でつまんで口に入れるのである。カキはとても熱いので、ハフハフしながら嚙むとホクリと崩れて、中から厚岸ガキの豊満にしてクリーミー、コクのあるうま汁が磯の香りとともにドドッとあふれ出てくるのである。手打ち蕎麦も絶品なので、もう何もかもたまらない。私がいつも注文する「特盛」には、数えてみたらなんと一五個ものカキが入っていた。

その釧路市にはもう一軒、私が通う蕎麦屋がある。こちらは一五〇年（明治七年〔一八七四〕創業）もの歴史を誇る老舗の蕎麦屋で、なんと昭和天皇、さらに今の上皇さま、上皇后さま、高松宮《たかまつのみや》さまといった皇族方もこの店の蕎麦を召し上がられたというから、いやはや全く驚いた。

その蕎麦屋の名は「竹老園《ちくろうえん》東屋《あずまや》総本店」である。いつも混んでいるので、食べるまでになかなか苦労はするが、しかし待った苦労は食べてみてすぐに解消されるほどのおいしさである。蕎麦の腰の強さ、ツルツルと音を立てて口に飛び込んでくる爽快さ、つゆのうまさ、蕎麦からの耽美なほど上品で微かな甘さ、鼻から来る素朴な蕎麦の香り。どれを取ってもおいしい蕎麦が持っていなければならない大切な条件はすべて揃《そろ》っているのだ。

ところがこの蕎麦屋、この蕎麦だけが美味なのではない。実は「かしわぬき」というつゆ（吸い物）も、全くもって「感動した！」「降参した！」といったほどのおいしさなのである。これまで私は、さまざまな醬油味の吸い物を全国至るところで味わってきたのであるけれども、正直言ってこの店の「かしわぬき」には完全脱帽、美味の神髄を知らされたと言っていいほどの、まさに垂涎の吸い物であった。

「かしわ種込《たねこ》み」という、地鶏《じどり》の入った蕎麦も絶品で、地鶏の正肉《しょうにく》や皮付き肉を細身にそぎ切り、それを軽く丸めるようにしたものがつゆの中にたっぷり入っているのである。その鶏肉のうまいこと。昔の鶏肉の味を知っている人は、きっとそのときのうまさを思い出して懐かしく思うに違いない。口に入れて嚙むと、とても硬いのであるけれども、肉は細身に切ってあるのでそう苦もなく嚙み続けると、シコシコキコキという歯応えの中から、美味鶏肉特有の奥の深いうま味がチュルリチュルリと湧き出してくる。

それを追いかけるようにしてつゆを啜ると、今度はつゆのコクが口の中全体に広がって、頭が真っ白になるぐらいのおいしさに襲われるのである。美味な鶏肉から溶け出てきた黄色っぽい脂身が、そのマイルドなコクを一層高めてくれるのである。この、濃厚にして、しかし、決してくどくはなく、淡泊な感じさえある蕎麦のつゆこそ、手打ち蕎麦に相性がよいのであろう。

新蕎麦の話のついでに、私が通う札幌と小樽の蕎麦の名店についても述べておく。札幌市西区発寒《はっさむ》一条に手打ち蕎麦屋の「あかね」という店がある。若い夫婦二人でやっているのだが、蕎麦が実によく、蕎麦つゆも大変結構である。私はこの店では冷たい蕎麦だと名物の「かき揚げそば」を注文する。細打ち粗挽《あらび》きのせいろ蕎麦で、揚げはゴボウとニンジン主体、エビの天麩羅も付いてくる。その揚げのサクサクとした食感がとても快い。薬味は天つゆにおろしダイコンが付いていて、蕎麦には刻み海苔《のり》と刻みネギ、ワサビも付いている。蕎麦は中細ながら腰が強く弾力も少しある。

熱い汁蕎麦だと「道東風かしわそば」をいつも注文している。放し飼い地鶏肉を使っているので、肉はかなり硬くて驚く人もいるかもしれないが、これこそ昔の鶏肉の味で、その味を懐かしく思っていた私などは、感激して涙が出るほどである。そんな鶏のだしなので、汁も桁違《けたちが》いにおいしく、また蕎麦もよろしく、行って得をしたなあ、という店である。

小樽市住吉町《すみよしちょう》（南小樽駅近く）に手打ち蕎麦の「いろは」があり、私は小樽に行くとたいがいはここで昼食をとる。店は昭和初期に建築された古風な歴史的建造物で、レトロ感たっぷりの雰囲気のある店だ。細麺の更科《さらしな》系と、太麺の田舎蕎麦系があり、私は冷たい蕎麦を食べたいときは「冷したぬき蕎麦」を、温かい汁蕎麦ならば「天麩羅蕎麦」を注文することに決めている（いずれも更科系）。

「冷したぬき蕎麦」は実に上手に天玉《てんだま》を揚げていて、汁に浸《つか》ってもふわふわと崩れず、口に入ってきたのを嚙むとシャリリと潰れる。その天玉の油からのペナペナとしたコクがツルツルとした更科系蕎麦を滑らかにし、そこにおいしいだし味が絡んできて絶妙である。「天麩羅蕎麦」は、なんとも巨大なエビの天麩羅が二本、汁蕎麦の上にのっていて、頭と尾の先は丼からはみ出している豪華さである。使っているエビも新鮮でしっかりしていて、嚙むとポクポクと歯に弾むほどで、そこからエビ特有の優雅な甘みが湧き出てくるのである。蕎麦も細いわりにはしっかりと腰を残していて、ムチムチとする歯応えはあっぱれである。

野趣宿るキノコ

あまり知られていないことだが、北海道はキノコの多彩な地である。したがって秋は札幌市内でも旭川市内でも、道内の大きな街の八百屋さんの店頭にはキノコが並ぶことが多い。トガリアミガサタケ、ヌメリスギタケモドキ、タモギタケ、ナラタケ、コガネタケ、ヤナギナメコ、シモフリシメジ、ムラサキシメジ、ヤマイグチ、カバノアナタケ、エノキタケなど、ここに列挙したのはほんの一部に過ぎない。昔の北海道では、採ってきたキノコはすぐに食べず、塩漬けしておいて保存食にしたのであるが、今は新鮮なうちに食べることがほとんどである。

たいがいは汁の実にしたり、炊き込みご飯に使ったり、バター炒《いた》めにしたりする。秋のキノコの代表はヤマイグチ（山猪口）かもしれない。このキノコを私は実によく食べた。シラカバ林内の地上やダケカンバの下に生え、ちょうどアンパンの色をした赤銅色で、大きさも大人の握り拳ほどあるので見つけやすい。秋になると根釧《こんせん》台地や石狩平野、勇払《ゆうふつ》平野の丘陵地、野幌《のっぽろ》原野などに行く機会があると山に入り、見つけて持ち帰った。それを味噌汁の実にすると、とてもおいしいだしが出るし、干しておくと真っ黒くなってカリカリに乾燥するので、冬の寒い日に水に戻して鍋料理の具にしたり、炊き込みご飯に使って舌を踊らせる。

ナラタケ（楢茸）は、広葉樹だけでなく針葉樹林にも生えるキノコで、北海道では「ボリボリ」の愛称で親しまれている。このキノコを私に持ってきてくれた石狩研究室の近くの農家の主人に一番おいしい食べ方を聞くと、このキノコで味噌汁をつくり、火を止める直前におろしたダイコンを入れるのがよいという。そこでその通りにやってみると、キノコからのだしとダイコンからの甘み、そして味噌のうまじょっぱみが重なって、野趣満点の味がした。

シモフリシメジ（霜降湿地）はアカマツやトドマツなどの針葉樹林に生え、傘の直径が五センチほどの赤茶色のキノコである。傘の中央がやや黒ずんでいるので「テッペングロ」という愛称もある。面白いことに肉料理ととても合うらしく、札幌のフレンチレストランでは秋限定メニューでベーコンと炒めてソテーにして出すところがあるというので、行って食べてみた。ベーコンから出たうま味と脂肪のコクと塩味がキノコからのうま味と絡み合い、コキコキとしたキノコの歯切れのよさもあって実においしかった。

北海道はキノコ王国でもある。さまざまなキノコの中でも、落葉に生えるこのヤマイグチなどの落葉茸はとてもおいしい。

エノキタケ（榎茸）というと、細くてひょろひょろと長く、モヤシのような形で束になったキノコと思っている人がほとんどだと思うが、北海道の天然のエノキタケは全く違う形のもので、シイタケのように傘を広げ、軸をしっかりと付けた大形のものである。実は私も、これを知らずにエノキタケだと教えられたときは驚きを隠せなかった。別名を「ユキノシタ」ともいい、秋に出るとそのまま冬まで残り、雪の下に埋まって春先に姿を現わす強者《つわもの》もいて、とても都会あたりで見るひょろひょろのものとは似ても似つかぬ姿である。

その上、ひょろひょろの都会派では味も香りもひ弱だけれど、道産子《どさんこ》のエノキタケはとても味が濃く、野性の匂いも強く、歯応えもよろしいので、全く別の種類と思ってしまうが、同じなのだという。つまり、人工栽培と野生とではこんなにも違うのだ、という見本のようなものである。さっと湯通ししたものにおろしたダイコンをかぶせ、その上から醤油を垂らして食べると実にうまい。重厚な歯応えと、呑み込むときの、喉《のど》をつるりと滑る感覚は野生からの贈りものである。

第9章　秋の料理は心に残る

秋到来のチャンチャン焼

秋になると北海道ではチャンチャン焼きがあちこちで行われる。主にサケ（鮭）を主材にした野趣満点の郷土料理で、秋サケが揚がると浜ではチャンチャン焼きで賑わう。その語源にはさまざまな説があって、「父ちゃんが焼いてつくるから」とか、「ちゃっちゃと素早くつくれるから」、「サケを焼くとき、鉄板がつつかれてチャンチャンと音を立てるから」、「外でやるとき寒いのでちゃんちゃんこを着るので」、「サケの定置網を固定するとき大きな鋤簾《じょれん》（水を含んだ砂や泥の除去に使う道具）を使うが、その鋤簾のことをチャンチャンと呼んでいたため」などという。

秋になると、秋サケを使ってのチャンチャン焼きが各地で見られる。北海道きっての郷土料理のひとつである。

そのつくり方は、地域や浜によって異なるが、基本的には次のようである。野菜（タマネギ、キャベツ、モヤシ、ニンジン、ピーマン、トウモロコシなど）を適当な大きさに切る。一尾分の生サケの半身を用意し、塩、コショウをしておく。バーベキュー用の大きな鉄板に火を入れ、バターを溶かす。その鉄板の中央部は空けておき、その周りに野菜を敷き並べる。空けておいた中央部に、皮の方を下に向けてサケをのせる。つまり野菜がサケを取り囲むようにする。白味噌を酒で溶いて味醂《みりん》を少し混ぜ、それをサケの身に塗り、さらに周りの野菜にかけ、サケにはアルミホイルをかぶせて蒸し焼きにする。火が通ったらサケの身全体をほぐし、野菜と混ぜ合わせる。

私が仕事場としている石狩市の親船研究室は、札幌市に本社のある佐藤水産の施設であるサーモンファクトリーの近くにある。秋サケが毎日のように水揚げされる石狩漁港に至近の場所にあるので、大漁のサケの水揚げを毎朝見ることができる。そんな環境なので、親船研究室にいるときには、たった数時間前に揚がった生きているように新鮮なサケをときどきもらってくることがあり、それを使って佐藤水産の工場で働く若者たちとチャンチャン焼きを楽しむ機会もしばしばあった。

そのチャンチャン焼きに舌鼓《したつづみ》を打つとき、なんと野趣のある食べ方だろうといつも思うのである。鉄板からもうもうと煙が上がり、チリチリ、パラパラ、チャンチャンと音がして、秋サケから滲み出てきたうま汁が野菜にまで味を付け、サケは味噌のうまじょっぱみで自らのうま味を豊満させて私の口に入ってくる。空を見ると、抜けるような秋の晴天にカモメ（鷗）やウミネコ（海猫）が鳴きながら舞っている。

秋アジの珍味と石狩鍋

秋サケを焼いて食べるのがチャンチャン焼きなら、石狩鍋は煮て食べる妙法である。ところで、親船研究室から石狩燈台《とうだい》の方向に歩いて一〇分もしないとても清閑なところ、言い換えれば石狩の町外れ、親船の町の末端といったところに、「金大亭《きんだいてい》」を屋号とし、歴史を感じさせる古風な料亭が一軒、古香《ここう》漂う雰囲気で佇《たたず》んでいる。

建物の外枠は全て板塀で囲まれ、門も玄関の戸も正目《まさめ》の格子で構え、平屋建ての三戸がひとつにまとまって一軒の料亭を構成するなど、明治時代に建てられた小樽の建築様式そのものの建物である。築後相当の年月が経《た》ったと見え、長い間の風雪に晒《さら》されながらも持ちこたえて、建物全体の外塀の板の色は淡い灰白色になっている。

私は散歩の途中で幾度となくこの老舗の前を通るのだが、そのたびに、どんな料理を出してくれるのかが気になり、そのうち一度は入ってみようと思っていた。調べてみると「金大亭」の創業は明治十三年（一八八〇）で、新潟県から移住してきた初代女将《おかみ》の石黒《いしぐろ》サカが「大石黒《だいいしぐろ》」の屋号で始めた。石狩はサケ漁で繁栄していたので、集まってきた漁師たちを相手にそのサケで料理しようと割烹《かっぽう》料理屋を思いつき、開業したという。今や北海道の郷土料理の代表格である「石狩鍋」の考案者が初代のサカだという。

石狩鍋。サケを主材料にして味噌で調味した鍋料理で、北海道の郷土料理のひとつだ。

もともとこの地に暮らしていたアイヌの人たちが、獲れたサケにその場で野菜を入れて鍋で煮て食べていたのがヒントとなり、当時は「大鍋」や「鮭鍋」と呼んでいたという。戦後、石狩にも観光客が集まるようになると、この鍋料理が評判になり、全国的に有名となって、いつしか「石狩鍋」になったとされる。店名は最初の屋号のカネダイの「カネ」に縁起を担いで金《きん》に換え、「金大亭」としたという。今の女将は四代目の石黒聖子《せいこ》さんで、元祖石狩鍋の味を頑《かたく》なに守っている女丈夫《じょじょうぶ》である。

あらましを知ってしばらくした後、なんと私がその料亭に行って食事をする絶好の機会が訪れた。それはある九月末の、ちょうどアキアジ（秋鮭）が揚がる最盛の頃であった。東京にあるNHK総合テレビの全国放送番組「ゆうどきネットワーク」の制作部から、石狩の親船研究室にいる私に連絡が来たのである。

石狩にある老舗料理屋の「金大亭」には昔からのサケ料理がそのまま残ってきている。たとえばこの店が発祥といわれる石狩鍋、サケを余すことなく全て食べ尽くしてしまう料理の数々、さらにはサケの発酵食品の「メフン」などがある。これを食文化を研究している発酵学者の小泉さんに出演していただき、解説を願いたい、という依頼内容であった。そして一週間後、午後一時から五時まで四時間にわたって「金大亭」で撮影が行われた。

その日、外門に吊《つる》されていた大きな暖簾《のれん》を両手で開いて玄関に入ると、女将の石黒聖子さんが迎えてくれた。

しばらくして取材のためにあらかじめ注文していた「鮭尽くしコース」が出され始めた。まず酒に合う肴として、お目当ての「メフン」が出された。この料理は、サケの背骨に沿って密着して付いている長い帯状の腎臓の塩辛である。サケは海にいるときは海水から体内に入ってくる塩をこの腎臓を通して排泄《はいせつ》し、川に上がると今度はこの腎臓に塩を貯《たくわ》えるので大切な器官である。この腎臓を大量の塩で発酵、熟成、貯蔵したのが「メフン」なのである。

「メフン」はアイヌ語でサケやマス（鱒）の「腎臓」あるいは「血合い」という意味だという。色調はやや赤みを帯びた黒色で、匂いを嗅ぐと塩辛特有の熟《な》れた発酵臭がする。私はそれを、箸の先端でチョンとつまんで口に入れて食べた。するとトロリとする食感の中から、濃厚なうま味と塩熟れした鹹《から》さとが口中に広がり、まさしく酒のあてにはピッタリの肴と思えた。

次に「ルイベ」が出された。サケの身を刺身にし、それを凍らせたものである。正身《しょうみ》の部分と脂肪ののったハラスの刺身が凍って出された。よく見ると、赤みがかったピンク色の身が凍った表面の水分のために霜に包まれたようになっていて実に美しい。

それを一枚口に入れてゆっくりと噛み始めると、凍《い》てたサケはすぐにホロリ、トロリと解け始め、そこからは優雅なうま味と脂肪のペナペナとしたコクとがとろけ出てきたのである。「ルイベ」はアイヌ語では「ルイペ」だそうで、「ル」は解ける、「イペ」は食べもの。すなわち「解ける食べもの」の意で、アイヌの人たちは冬、屋外でサケやマスなどを凍らせて保存し、それを囲炉裏《いろり》の火で解かしながら食べたのでこの名があるという。

「氷頭《ひず》の膾《なます》」も出された。サケの頭部の白く透き通った軟骨（蕪骨《かぶらぼね》）を氷頭というが、これを薄切りにし、ダイコンの千切りとともに酢和《すあ》えし、柚子《ゆず》少々を加え、淡塩でさっと味付けした粋な肴である。氷頭のコリコリとした歯応え、ダイコンのシャキシャキとした歯触り、淡いうま味や甘み、爽やかな酸味などが湧き出てきて絶妙であった。

そして「イクラ」の醬油漬けも逸品であった。この店秘伝の醬油ダレに鮮度がよく、はち切れそうなイクラが漬かっていて、口に入れて嚙むか嚙まぬうちに皮を感じさせないように解けてしまうほどの新鮮な柔らかさ。その中からトロリ、トロリと濃厚なうま味と脂肪のコクとが湧き出してくる。「イクラ」の語義はロシア語で「魚の卵」あるいは「小さく粒々したもの」だそうである。

私が初めて食べたのが次に出された「肝とも和え」であった。新鮮なサケの肝臓をペーストにし、そこに胃袋をみじんに刻んで加え、味噌と砂糖などで和えたものである。それを口に含んで嚙むと、肝臓はヌメリトロリとした感触の中から濃厚なうま味とコク、さらにほんの少しの苦みもジュワワワーンと湧き出してきて、胃袋の小片も歯に応えてコリリとし、そこからは微かな甘みが出てきた。そこに味噌のうまじょっぱい発酵香味も加わるものだから絶品であった。これらのほかにフォアグラのような風味の白子《しらこ》焼きや、カマとハラスでの焼きものなどが出されたが、いずれもサケでしか味わえない野趣満点の味であった。

そしていよいよ、元祖サケ料理割烹「金大亭」の本流、「石狩鍋」の登場である。まずだし汁を張った大きな土鍋と大皿に盛った具が運ばれてきた。だしはサケの粗《あら》と昆布で取り、そこに味噌を溶く。それを卓上ガスコンロの火にかけ、煮立ったらサケの身と粗、地元の木綿豆腐、キャベツ、タマネギ、シイタケ、長ネギを入れ、全体に火が通ったらサケの身が硬くなる前にシュンギク（春菊）を入れ、仕上げに山椒《さんしょう》の粉を振ってから、イクラを表面に散らして出来上がりである。

その石狩鍋の出来上がりの美しいこと。汁の淡い琥珀色《こはくいろ》に豆腐と長ネギの白、サケの身の緋色や淡いピンク、点々としたイクラの赤、そこへシュンギクの緑が加わって、その色彩のバランスのすばらしさに目も冴《さ》えた。NHKの取材班のカメラが構えていたが、待望の石狩鍋に箸をつける私はテレビカメラなど全く意識せず、もっぱらその真味を堪能しようと夢中になった。

まず、さまざまな具の間から汁杓子《しるじゃくし》(御玉《おたま》)でスープだけを受けの小碗に掬《すく》い取り、それを口に含んで味わった。すると口の中には、その濃厚なうま味のためにズシーンと疼《うず》くような刺激が広がった。そしてその中から、優雅で微かな甘みやコク、淡い味噌からのうまじょっぱみなどが湧き出てくるのであった。

次はサケの身をひとつ碗に取ってこれも単独で食べてみた。口に入れてやさしく噛むと、ポクリ、ホコリと崩れていき、そこからはサケの持つ濃厚と淡泊の両方のうま味、さらには脂肪からのペナペナとしたコクなどがジュルル、ピュルルと流れ出てきて、それが味噌味とだしにも囃《はや》されてその美味の深さに圧倒されたのであった。

こうして、豆腐もネギもシイタケもタマネギもシュンギクも、入れた具はサケの煮汁にしっかりと染められて、全てが秀逸なおいしさになっていた。そして、全体を通して私の大脳皮質味覚受容器が常に微かに反応していたのは、鍋仕立てのときに最後に放り込んだ粉山椒の香りで、この爽やかな快香は、元祖石狩鍋のおいしさを私の記憶に長く固定させるものとなった。

あっぱれの三平汁

北海道の鍋料理の中に三平汁《さんぺいじる》という名物料理がある。この料理にも名前の由来は幾つかあり、いずれももっともな説ばかりで確定されていない。

そのひとつは、狩りに出た松前藩の殿様が、空腹を覚え、漁師の斉藤三平《さいとうさんぺい》の家で食事を頼んだところ、あり合わせの材料で仕立てた汁物を供された。それがことのほか美味だったので「三平汁」と呼ぶようになった。また別の説では、同名だが別の斉藤三平が登場し、蝦夷《えぞ》地《ち》の開拓に渡った南部藩家臣の斉藤三平が、のちに津軽海峡を越えてやってきた人たちに奥《おく》尻島《しりとう》で振る舞って評判になって名が付いたというもの、さらには有田焼《ありたやき》の陶祖李参平《りさんぺい》（朝鮮出身の陶工）の焼いた参平皿に盛ることに由来する、といったものである。興味深くはあるが、李参平の皿といえば国宝級なので、そんなことはあるまいと思う。

三平汁の基本は、昆布でだしを取り、サケ、ニシン、ホッケ、タラなどの魚の塩引き、または糠漬《ぬかづ》けをダイコンやニンジンなどの根菜類とジャガイモと一緒に煮た鍋料理である。石狩鍋と混同する人もいるが、石狩鍋が味噌仕立てであるのに対し、三平汁は塩漬け魚からの

三平汁は冬の北海道の名物料理である。昆布でだしを取り、サケ、ニシン、タラ、ホッケなどの魚の塩引きをダイコンやニンジン、ジャガイモとともに煮込んだ鍋料理である。

うま味と塩味、あるいは糠で発酵した魚のうま汁と酸味で味を付けるのが大きな違いである。

塩漬けした魚あるいは糠で発酵、保存した魚であるので、昔は一年中ふだんの夕食で食べていた。したがって今日の三平汁のように塩漬けしたり糠漬けした魚を使わずに、また醤油味や味噌味や酒粕《さけかす》味でつくったりするのは、本来のものではない。そして、昔の三平汁は春三平、夏三平、秋三平、冬三平と分けられていて、それぞれの季節で獲れた魚を塩漬けしたり、糠漬けして野菜とともに煮て食べたのである。

春三平には「セリ三平」、「フキ三平」、「ヨモギ三平」といった山菜と春の魚ニシンの塩漬けまたはニシンの糠漬けでつくるもの、また「ソイ三平」は白身魚のクロソイの塩漬けと春野菜の三平である。夏三平には「ササギ三平」、「ナス三平」、「ホウレンソウ三平」、「カブ三平」といった季節の野菜と、塩マスの糠漬けや塩漬けの夏ホッケでの三平。秋三平には「カボチャ三平」、「大根三平」、「玉菜《たまな》三平」（玉菜とはキャベツの別名）などの秋菜と秋魚の秋サケの塩引きや、ホッケ、サンマ、イワシ、サバなどの糠漬けでの三平、冬三平は「タラ三平」、「ホッケ三平」、「ニシン三平」で、冬まで塩や糠に漬け込んでいた魚あるいは冬の魚のタラなどの塩漬けに、越冬野菜のカボチャ、キャベツ、ダイコンなどでの三平である。

私は発酵学者であるので、魚の加工食品といえば断然糠漬けが好きである。北海道の三大糠漬けは「ぬかニシン」と「ぬかホッケ」、そして「ぬかサンマ」であるが、ほかに「ぬかサバ」や「ぬかタラ」、「ぬかイワシ」、「ぬかカスベ」、「ぬかブリ」などもあり、いずれも逸品だ。

私は東京で「醸句会《じょうくかい》」という俳句の会を主宰していて、醸児《じょうじ》の俳号を持つ。ちょっとした句会で、合同句集『舌句燦燦《ぜっくさんさん》』をふらんす堂から出版したほどである。その会員のうち一三人が吟行《ぎんこう》（詩歌を作るため外に出かけること）で秋の札幌に来るというので、私は三日間にわたり札幌周辺を案内して句を詠み、夜はお楽しみの宴会が続いた。一行のうち三人は、せっかく来たのだからと、あと二日間ほど札幌に残るというので、帰る日の前日に石狩の親船研究室に招き、北海道でしか食べられない料理をご馳走《ちそう》した。

それが豪快な「俺流古式三平汁」である。実は発酵した糠魚が、昔から三平汁の味付けに使われてきたことに興味を持ち、三平汁と糠魚との関係について石狩市民図書館に行ってさまざまな郷土料理書や資料に当たり、調べていた。そして、そこに記載されていたことを参考に私の頭の中で咀嚼《そしゃく》し直し、整理して最もおいしい俺流の三平汁を編み出したのである。それをいつかはつくってみようと機会を窺《うかが》っていたので、実にいいタイミングだった。

四人分の材料は、大きめのぬかサバ一本、中ぐらいのキャベツ一個、ニンジン一本、タマネギ一個、ジャガイモ三個、だし昆布。大きめの深鍋に油を引き、そこで大きめの乱切りにしたジャガイモ、ニンジン、タマネギを炒める。別によく洗ったキャベツを丸のままひっくり返し、底の茎と葉にかかるところに十文字の切れ目を深く入れる。鍋の野菜が炒め上がったらそこに丸のままキャベツをのせ、さらに八切れぐらいに輪切りしたぬかサバ（頭と尾を切り取り、糠を水洗いしたもの。内臓ごと漬けているサバは内臓を取り除く）を入れ、たっぷりの水を加え、さらに一〇センチ角のだし昆布二枚の表面を焼いて焦げ目をつくり、それを入れ、コトコトと中火で煮る。キャベツ全体に火が通ったら、昆布を引き上げて出来上がり。ぬかサバから塩分と酸味が出てくるので味付けは不要だが、もし味が薄かったら塩だけを加えて味を調える。食べるときは鍋の中に入れたままキャベツを包丁で切り、ほかの野菜とぬかサバ、汁とともに器に盛っていただく。

キャベツを丸煮した、ぬかサバでの豪快な三平汁である。私の考案したレシピなので、この三平汁を食べたことのある人はいないだろうが、これが実にうまいのである。客の三人もあまりのおいしさに感激してくれた。まず汁を啜ると、昆布からのだしのうま味がぐっときて、キャベツの青々とした甘みがどっときて、ニンジン、ジャガイモ、タマネギの甘さもトロリときて、そこにサバの濃厚なうま味と乳酸発酵によって生じた爽やかな酸味もじっとりと湧き出してきた。さらにサバの脂からのペナペナとしたコクもテレテレとかぶさってきて、また鼻孔からは絶えず牧歌的な発酵臭が抜けてくる。キャベツも野菜もサバの身も、全て汁と全く同じ味で、これぞ三平汁、お見事、お見事という次第であった。

Ⅳ　冬の味覚

第10章　凍《しば》れる海で魚介が肥える

待ってました！　と声を上げたくなるほど北海道の海に美味魚介があふれる冬到来である。オホーツク海には、北のサハリン北東部から流氷とともにプランクトンが付いてきて、それに魚介が群がる。間宮《まみや》海峡で発生し、日本海を南下する寒流のリマン海流も、魚をのせて日本海側にやってくる。北方寒流の親潮も、太平洋側に魚介を運んでくる。とにかくこのような地理的条件が重なるので、冬の北海道には大小さまざまな魚介類が集まるのである。

その上、冷たい海水は魚に脂肪を蓄積させるだけでなく、きゅっと体を締めるので、うま味が凝縮され、コクものってくる。とにかく、とにかく、魚体がおいしさを孕《はら》んで泳いでくる。

恍惚のキンキ

　まずキチジ（喜知次あるいは吉次）だ。カサゴ科に属する深海魚で、北海道ではキンキあるいはキンキン、メンメとして流通し、冬の旬には脂《あぶら》ののりが非常によく、美味第一席とされる高級魚である。鮮やかな紅色がなんとも美しく、身はややピンクを帯びた白色で、冬期に脂がのると、その脂のために透明に近い白となる。水深一五〇〜一二〇〇メートルの大陸棚斜面に生息し、特に四〇〇〜六〇〇メートルの間に多い。主にイカ、エビ、カニ、魚を捕食する美食家のような魚である。

「赤いダイヤ」と呼ばれるほど北海道では珍重され、東京市場あたりでは一キロ一万円を優に超すほどだから、おそらく日本一高級な魚といえるだろう。食べ方は煮付けか塩焼きが定番だが、超新鮮なものは刺身で食べるとこれまたおいしい。

　ここ数年の間にブランド化され、全国的に有名になったのがオホーツク海に面する網走《あばしり》市の「釣りきんき」である。キンキは通常底《そこ》曳《び》き網漁法で行うが、網走の釣りきんきは延縄《はえなわ》漁法で、一匹一匹釣り上げるため、体を傷つけることなく、鮮度が抜群のキンキを売りものにしている。その釣りきんきの中でも体長三五センチ、体重七〇〇〜八〇〇グラムという超特大サイズのを網走で見たことがある。目に染みるような鮮やかな赤色、脂をのせながらムッチリと張り、丸々と肥えた体、生きているようにクリクリとして澄んだ瞳《ひとみ》は、さすが「赤いダイヤ」だけのことはあるなあ、と思った。

その網走市に行ったとき、話題の釣りきんきを食べようということになり、料理屋に入った。値段が恐ろしいので一人で食べる勇気はないから、東京農業大学オホーツクキャンパスで教鞭《きょうべん》を執っている知人の教授二人に声をかけると、二つ返事で参加してくれることになった。釣りきんき丸々一本を注文し、主人にお願いして半身は三人前の刺身で、あとの半身は三等分に切り分けて煮付けてもらった。

キンキは北海道産プライドフィッシュのひとつで、メンメとも呼んでいる。とにかく超高級魚であるが、おいしさはその値段に相応するほどのものである。

まず刺身を見て息を呑《の》んだ。身はややピンクを帯びた白色で、脂がよくのっていて霜降り状態になっている。それが妖《あや》しく光沢を放っていて眩《まぶ》しい。おろしたワサビが付いていたのでそれを醤油に溶かし、そこに刺身をチョンと付けて食べた。噛《か》むと皮に近いあたりがコリリ、コリリとし、身の方はシコリ、ホクリとして、そこから官能的なやさしい甘みと耽美《たんび》なほどのうま味がトロトロと流れ出てきて、さらに脂がジュルジュルと滲《し》み出てくると、そこから今度は悩殺的なほどのペナペナとしたコクが出てくるのであった。三人ともそのおいしさに言葉も出ない。よほど脂がのっていたと見え、ワサビのツン辛《から》など蹴飛《けと》ばしてしまい、全く役立たずの薬味となった。

皿に盛られた煮付けの美しさにも心を奪われた。醤油と味醂《みりん》と酒などで甘じょっぱく煮付けられたものだったが、鱗《うろこ》側の赤い肌に、煮汁がかかって赤銅色《しゃくどういろ》となり、そのなんとなく鈍い色合いがやけに心を引いたのである。そして、煮た身にかけてある煮汁をよく見ると、黄金色《こがねいろ》を帯びた琥珀色《こはくいろ》の微細な脂肪球がキラキラと浮いていて実に幻想的である。身を箸《はし》でむしり、口に入れて噛んだ。すると身は歯に潰《つぶ》されてホクリ、ポクリとし、そこから甘じょっぱみを含んだ身からのうま味と脂からのコクとがトロリ、トロリと湧《わ》き出してくる。それが、煮汁の甘鹹《あまから》さとぴったりと合って、その絶妙な味に恍惚《こうこつ》とした。

その煮付けは皿に盛られて三人分出されたのであったが、実は別にあとひと皿、大きめの皿にのせられて出てきたのである。それはキンキの頭と中骨《なかぼね》、鰭《ひれ》などの粗炊《あらだ》きであった。私は魚の粗が大好きで、それが出たのには感動した。三人で頭をつつき、骨をしゃぶり、鰭をぺろぺろ舐《な》めたが、二人は遠方から来た私に敬意を表して頭に付いている二つの目玉をすすめてくれた。

それでは遠慮なくいただきましょうと、私はまず片方の目玉に箸を入れ、トロトロ、プヨプヨとゼラチン質に包まれているそこをごそっと取って口に入れて食べた。口の中に入ったとたん、ゼラチン質はあっという間にトロロロロロロと溶けていき、そこから滑らかなコクと微《かす》かな甘み、そして奥の深いうま味がジュワワーンと湧き出してくるのであった。口に残った目玉の白く丸く柔らかい塊を軽く歯で噛むと、そこがホコホコと崩れていって、中から水晶のような透明な小粒が出てきた。さすがにそれは硬くて噛み切れず、口からプッと出した。それにしても、どんな魚の目玉でもその周辺のうま味は只事《ただごと》ではなく、私にとっては目玉商品のようなものなので、いつも真っ先に箸をつける。

タラと雪景色

タラ（鱈）にはマダラ（真鱈）とスケトウダラ（介党鱈）があり、後者はスケソウダラ（助宗鱈）と呼ぶ地域もある。マダラは体長一・二メートル、体重一二〜二〇キロもある超大物で、水深一五〇〜三〇〇メートルの深所に生息している。刺網《さしあみ》、延縄《はえなわ》、底曳き網などで捕獲され、超新鮮なものは刺身にするが、多くは切り身で鍋にしたり、バター炒《いた》めやムニエルにしたりする。また、加工して塩ダラや棒ダラなどにする。メスの卵巣は巨大で「真子《まこ》」と呼ばれ、煮付けにし、オスの精巣も大きくこれを「白子《しらこ》」あるいは「菊腸《きくわた》」、または「雲腸《くもわた》」と呼んで高級食材となる。ポン酢で食べたり、鍋にしたりすると実にうまい。私は、マダラの切り身を手に入れると、必ず粕漬けにしておく。それを焼いて食べると、この魚ほど酒粕に合うものも珍しいと思うぐらい、飽きずに毎日食べられる。

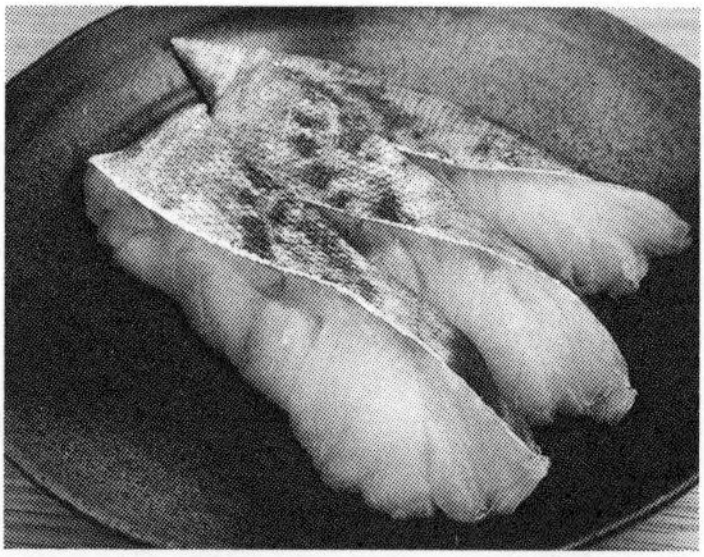

マダラの切り身。雪のように身が白く、味はとても淡泊で、鍋料理や粕漬け、ムニエルなどで賞味される。白子（精巣）は「タチ」と呼ばれ、これのポン酢和えのおいしさに感動しない者はいない。

北海道でのマダラの水揚高は年間約四〇〇〇トンで、全国シェアの七四パーセントを占めている（二〇一九年）。北海道の主な漁場は日本海沿岸、宗谷《そうや》海峡、太平洋海域、オホーツク海、根室《ねむろ》海峡など広範囲で、北海道のほぼ全域で漁獲されている。

スケトウダラは体長七〇～九〇センチ、体重一～一・五キロの魚で、マダラがでっぷりと電信柱のように太っているのに対し、スケトウダラは野球のバットのようにスマートである。オホーツク海やベーリング海のほか世界中の寒海の水深一〇〇～四〇〇メートルに大群をなしている。メスの卵巣は「たらこ」で、辛子明太子《めんたいこ》の原料として知られ、オスの精巣は「菊腸」と呼ばれて珍重されている。鮮魚は、肉に水分が多いため煮焼きにすると身崩れするので、ほとんどは加工用として蒲鉾《かまぼこ》の原料となったり開き干しにされたりする。

マダラは料理法が実に多い。私がこれまで北海道で食べてきた料理を思い出すままに挙げてみても、刺身（昆布締め）、握り（鮨《すし》）、鍋（タラちり、じゃっぱ汁、タラと白子の親子鍋、味噌鍋など）、煮付け、焼きタラ（塩タラ、味噌漬け、粕漬け、魚田《ぎょでん》、ホイル焼き、バター焼き、ムニエル、ソテーなど）、唐揚げ、天麩羅、フライなど枚挙に暇《いとま》がない。また白子ではタチ鍋（北海道ではタラの白子のことをタチという）、ポン酢醤油和《あ》え、天麩羅、白子のムニエル、白子焼き、白子鍋など、真子では煮付け、子和え、炊き込みご飯などである。

北海道に伝わる家庭料理の中に「ホイル焼き」がある。これを北海道産のワインの肴にすると、なんとなく北海道らしい気分が込み上げてくるのでよくつくる。アルミホイルにマダラの切り身をのせ、そこにキノコ（シメジあるいはマイタケなど）、茹《ゆ》でたジャガイモ、スライスしたタマネギ、たっぷりのバターを添え、白ワインを垂らし、塩とコショウをして包み、これを焼く。その焼きたてのおいしそうなこと。アルミホイルを開くと、湯気がほんのりと上ってきて、そこからバターの乳酪香《にゅうらくこう》が微かに起《た》ってきて、真っ白いタラの身とタマネギは溶けたバターに染められて淡い黄色を帯びていて、キノコの樺茶色《かばちゃいろ》もバターでテカテカと光っている。

まずタラの身をほぐして食べると、身から出てきた淡泊なうま味に滑らかなバターのコクと快い塩味が加わり、そこにタマネギからの軽快な甘みが重なる。キノコ（私の場合はスーパーから買ってくるマイタケを使う）はシコシコ、パフパフと歯に応《こた》え、そこから奥の深いうま味がジュルジュルと出てきて、そこにタラの淡泊なうま味も絡まる。そして、全体をジャガイモのサラサラとした食感が舌を踊らせる。そこでよく冷やしたソービニヨン・ブラン種（フランス系品種）の北海道産白ワインをコピリンコするのである。シャープな酸味とドライな感じのそのワインに、バターで仕上げたタラの身とキノコとタマネギは実によく合い、うまい、うまいと飲《や》って気付いたときには、もうホイル焼きとワインは胃袋の極点に達してしまっているのである。

私が団長をしている「札幌食魔団《しょくまだん》」は、月に一度例会を開く。例会といっても談論風発の食べ呑み会で、会場は行きつけの鮨屋か蕎麦屋《そばや》である。師走《しわす》のあるとき、忘年会を兼ねた例会を行うことになり、鍋を囲むことにした。その鍋は私の発案で「タラの雪見鍋」にすることになった。タラの漢字の「鱈」はもとは国字《こくじ》（和製漢字）で、「雪国に棲《す》む魚」あるいは「雪のように白い身の魚」からつくられた字であるが、今では中国でも用いられている。そんなに雪が似合う魚なら、いっそのこと雪のように白い鍋をつくって楽しもうと考えたのである。その料理の材料と味付けなども私が考え、その日の会場である「ふじ寿司」の板長の佐藤光明さんに前もって連絡しておいた。佐藤さんも「札幌食魔団」のメンバーの一人だ。

当日はメンバー全員の一四人が集まり、畳の座敷に卓袱台《ちゃぶだい》（四脚の食事用座卓）を二卓並べ、その上に四台の電気コンロを置き、雪見鍋を張った大きな土鍋をそれぞれに配置し、火にかけてグズグズと煮た。昆布でしっかりとだしを取り、そこにマダラの切り身、マダラのタチ（精巣）、豆腐、ネギの白い部分の斜切《はすぎ》り、白菜の緑葉以外の白い部分のぶつ切り、エノキダケ、生ホタテの貝柱（通常のホタテの身。刺身で食べることも多い）、ダイコンの櫛切《くしぎ》りを入れる。全て白ばかりの材料で、とりわけ多めに使ったタチは、薄い皮を除いてトロトロの身にしてから鍋に溶かすように入れたので、鍋の汁全体が牛乳を入れたように白一色となり、北海道の大雪原のようになった。まさに「雪見鍋」である。

食魔団員がみんな集まったので、グツグツと音を立てている土鍋の蓋《ふた》を開けると、一同びっくりした様子であった。なにせこれまで見たこともない真っ白い鍋が目の前にあるから当然だ。付けダレはポン酢醬油、薬味は刻んだ分葱《わけぎ》である。

私はこの鍋をやや遊戯的料理のように面白半分で考えたのであったが、ところがどうしてどうして。食べてみるとあまりのおいしさに度肝を抜かれるほどのものであった。それはまさにタチの存在によるものであった。タチのクリーミーな感じのコクが鍋の全体をぐっと押し上げ、どの具を食べてもそのコクのためにしっかりとおいしいのである。とりわけ、親子の関係というわけでもあるまいが、マダラの身との相性は他の具とはひと味違って秀逸であった。ポクポクとする身から湧き出した淡泊なうま味と、トロトロとするタチから出た濃厚なコクとが、まるで親の背に子供がおぶさっているかのような情景を私の脳裏に浮かばせるのであった。

気品あるカレイ

カレイ（鰈）も北海道の冬の高級魚である。中でもババガレイ（婆婆鰈あるいは母母鰈）とマツカワ（松皮あるいは松川）は道民の垂涎《すいぜん》の的で、ヒラメ（鮃）とともになかなか手出しも口出しもできないほど高位の魚である。北海道でババガレイというのはナメタガレイ（滑多鰈）のことで、体の表面に粘液《ねんえき》が多くぬるぬるしている。体長五〇センチほどの魚で、千島列島やサハリン（樺太《からふと》）から静岡県以北の水深五〇〜四〇〇メートルの砂泥地に棲み、日本海沿岸にも分布している。

この魚の最高の食べ方は、何と言っても煮付けである。小樽《おたる》駅のすぐ近くに三角市場という大きな生鮮市場がある。市場好きな私は小樽に行くと、この三角市場、南樽《なんたる》市場、新南樽市場、中央市場、鱗友《りんゆう》市場などを梯子《はしご》して歩く。それがとても楽しいのである。どの市場も何十軒という魚屋が並び、惣菜屋《そうざいや》や青果、精肉、乾物といった店もずいぶんと多く店を出している。だから全く飽きることなく梯子ができる。たいがい私と同行するのが「札幌食魔団」副団長の加藤信也さんだ。小樽出身で札幌に本社のある大手水産会社の専務を定年退職し、今は自分で会社を起ち上げてがんばっている。この人がそばにいると、北海道の魚のことは全て教えてくれるばかりでなく、札幌でも小樽でも市場の関係者や店主に断然顔が利くので、とても重宝なのである。

あるとき三角市場に行くと、うまそうなババガレイを売っていた。さすがに市場なので安い。一枚買って店の大将におろしてもらい、切り身にしたものを市場内にある食堂に持っていく。するとこちらの好みに料理して出してくれるのである。持ち込んだババガレイの切り身は、鴇色《ときいろ》を帯びた白い身で、その肉身の部分と皮の間、すなわちエンガワといわれる部分はプヨプヨとした脂肪層が付いていて、やや膨らんでいる。そしてその反対側の切り口のところには、黄色がやや代赭色《たいしゃいろ》を帯びた卵巣がびっしりと付いていた。店の人に煮付けにするように頼んで待った。しばらくして皿に盛られたその煮付けは、全体がポッテリと膨らんでいて、なんとなく官能的であった。まず煮付けの中心部分に箸をつけ、そっと身をほぐして口に入れると、その身からは上品な甘みと耽美なうま味が湧いて出てくる。しばらくその周りを食べてからいよいよエンガワ、すなわちポテポテと膨らんで琥珀色に照り輝いている部分に箸を入れた。すると中にプヨプヨとした脂肪層が見え、そこを箸で取って口に含んだ。口の中でそのプヨプヨはトロトロとなって液状化し、そこからとろけるようなうま味と甘み、コクが出てきて、なんと三角市場で食のエクスタシーを体験してしまった。

マツカワはさらに高級な魚で、ババガレイよりも上位である。北海道ではこの魚を「タンタカ」とか「タカノハ」とも呼び、幻の魚として珍重されている。この魚の刺身を釧路《くしろ》市の「絹《きぬ》」という割烹料理屋で初めて食べたときには、そのおいしさに「ワオーッ」と叫んでしまったほどである。「絹」という店は、毛ガニでもタンタカでも、道東の魚介類の本物中の本物を食べさせてくれる料理屋で、そのおいしさは主人の目利きによるところが大だと私は思っている。

出されたマツカワの刺身は、ヒラメによく似ていて、皮の近くの方はやや淡いピンク色、身の方は純白で、やや厚めに切られて七枚のっていた。さらにその刺身の脇《わき》には、嬉しいことにエンガワの刺身がなんと三枚も添えられていた。醬油にワサビを溶かし、それに刺身の一枚をチョンと付けて、口に運んで食べた。噛むと少し厚い身なので歯に応えて弾むようにムッチリ、モッチリ、シコリ、コリリとしながら次第に崩れていき、そこからこれぞ耽美なというのか、これぞやさしいというのか、そんなうま味がじゅんわりと出てきた。さらにこれが無垢《むく》というのか、これが極みというのか、そんな気品のある甘みもやんわりと湧き出してきたのである。

さらにエンガワが圧巻であった。ワサビ醬油にほんの少し、チョンと付けてそれを食べると、歯に応えてコリリ、コリリとし、それがいつまで噛んでもコリリ、コリリが続き、そこから今度は脂肪とコラーゲンとゼラチンが混ざったようなペナペナ、トレトレとしたコクが湧き出してくるのであった。そこで次に刺身一枚とエンガワ一枚を同時に口に入れて味わってみた。するとムッチリとする歯応えとコキリコキリとする歯応えとが口の中で交じり合い、極上のうま味と甘み、そしてコクが味わえたのである。

君知るや、ハッカクの味

北海道の人たちは、ハッカク（八角）という体長五〇センチほどの奇怪な姿の魚を特に好んで食べる。細い体全体が多数の骨格と皮で覆《おお》われて角ばった姿をしており、体の断面が八角形に見えるためこの名がある。口先は長く尖《とが》り、その下面に多数のヒゲがある。旬の冬になると、あちこちの市場には、トクビレ（特鰭）という大きな鰭を切り落とされ、頭も落とされ、上皮と下皮を剝《は》がされた無残な格好のハッカクが並べられる。ところがこの魚、真っ白い身で脂が大変よくのっていて、刺身にしたり、焼きものとして賞味されるほか、ぶつ切りにして鍋にしても大変うまい。そのため冬の魚の人気では常に上位にランクされるのである。

ハッカク。姿は怪魚のようにグロテスクだが、焼いて食べると頰落舌踊の妙味が楽しめる。

　大衆的な魚で値段もそう高くなく、気軽に食べられて、その上おいしいときているから、よく大衆酒場や居酒屋、炉端焼き店などでは人気の的となっている。

　食べ方は実に多彩で、まず「軍艦焼き」という味噌焼きが大層うまい。長いままの魚体をよく水洗いしてから水気を拭《ふ》き取り、背開きにする。それに合わせ味噌（味噌と味醂、酒を合わせ、そこに抜き取っておいた肝を入れてよく擂《す》り合わせたもの）を塗り、焦がさぬようにじっくりと焼き上げたものである。非常に香ばしい上に、白身のハッカクの上品なうま味に合わせ味噌のうまじょっぱみとコクとが重なって大いに野趣を楽しめる。

ハッカクの刺身も絶妙な味がする。その刺身をよく見ると、全体に細かい脂の粒子が肉身に付いていて、霜降り状になっている。マグロのトロに似た味だけれど、私が食べた食感では、マグロのトロは柔らかくてトロトロだが、ハッカクの方はシコシコなので、いつまでも口の中でその妙味が楽しめた。また刺身の場合は、オスよりもメスが断然うまい。メスは小ぶりなのだけれど、産卵期（九月から十月）以外の冬期は本当においしい。それも嬉しいことに、魚体が小さい分だけ安いのでとてもありがたい。水洗いして皮を剝ぎ、つくった刺身を肝醬油で食べると、フグ刺しあるいはカワハギ刺しの肝和《きもあ》えに引けをとらない。

味と食感がフグに似ている魚なので「ちり鍋」も絶品だ。市場から買ってきた長いままを水洗いして水を切り、それをぶつ切りにしてから一度湯通しして冷水に落とし、指で取れやすい鱗《うろこ》やぬめりなどを丁寧に取り去る。それを、鍋に張った昆布だしに酒と塩味で野菜（白菜、エノキダケ、シュンギク、ニンジン、長ネギなど）や豆腐とともにポン酢醬油で食べる。身が締まり、骨からの身離れもよく、実に快いうま味が味わえる。鍋を全て平らげたら残り汁にご飯を加えて雑炊《ぞうすい》とし、それをご飯茶碗に盛り、それにポン酢醬油をかけてからさらに七味唐辛子などを振って食べると、極楽の味がする。ほかに潮汁《うしおじる》もよく、また塩焼き、煮付け、唐揚げもよい。北海道を訪れたなら、このハッカクを賞味すると、忘れられない舌の旅となる。

厳寒に耐えたワカサギの真味

ワカサギ（公魚）は、太平洋側は茨城県の霞ヶ浦《かすみがうら》、日本海側は島根県の宍道湖《しんじこ》以北の汽水《きすい》湖《こ》（海水と淡水が混じり合っている湖）および湖を原産とするが、その後本州各地の淡水湖沼にも棲むようになった。実は冬の北海道の厚い氷の下にもおいしいワカサギがいる。そのため、流氷が流れ着くオホーツクの網走湖のほか、上士幌町《かみしほろちょう》の糠平湖《ぬかびらこ》、南富良野町《みなみふらのちょう》の金山湖《かなやまこ》、七飯町《ななえちょう》の大沼湖《おおぬまこ》、厚岸町《あっけしちょう》の別寒辺牛川《べかんべうしがわ》、幌加内町《ほろかないちょう》の朱鞠内湖《しゅまりないこ》、標茶町《しべちゃちょう》の塘路湖《とうろこ》やシラルトロ湖、釧路町の達古武湖《たっこぶこ》、新篠津《しんしのつ》村のしのつ湖、新得町《しんとくちょう》のサホロ湖、置戸町《おけとちょう》のおけと湖、佐呂間町《さろまちょう》のサロマ湖、津別町《つべつちょう》のチミケップ湖、大樹町《たいきちょう》のホロカヤントー湖、苫小牧市のハート沼や錦大沼《にしきおおぬま》、白老町《しらおいちょう》のポトロ湖、三笠《みかさ》市の桂沢湖《かつらざわこ》、剣淵町《けんぶちちょう》の桜岡湖《さくらおかこ》など、多くの湖沼でワカサギ釣りができる。

その北海道のワカサギは、本州のものに比べてやや小型であるのは、やはり厳寒の地による低水温のせいであろうが、逆に体は締まって水っぽくなく、脂もよくのるので甘いうま味がするといわれる。私のいる石狩《いしかり》市の親船研究室から車で五分という至近なところに、旧石狩川が塞《せ》き止められてできた茨戸川《ばらとがわ》があり、そこに三日月湖が形成されている。全長二〇キ

北海道のワカサギは、肌の白銀色がとても美しく、小型で身はピンと張っていて、揚げたての天麩羅のおいしさは只物ではない。燗酒の肴にすると箸も盃も置く暇がないほどだ。

ロメートル、川幅二〇〇～三〇〇メートル、流域面積一六〇平方キロメートルという大きな湖である。冬になると全面凍結し、六〇～八〇センチの厚さの氷で覆われる。

白銀の世界へと変わった三日月湖の氷上には、ほどなくカラフルなテントの花が咲き誇ることになる。この三日月湖はワカサギの生息数では北海道有数を誇り、その上、大都市札幌からは車で三〇分という近さなので多くの人が氷上で釣りを楽しむのである。釣り場はほぼ一ヶ所に集中していて、国道二三一号線、通称オロロンライン沿いの石狩市新港東一丁目にあるサーモンファクトリーの裏手である。

ある真冬の日曜日、私は親船の水産加工場で働いている二人の若者に誘われて、生まれて初めてワカサギ釣りを体験した。その朝八時には、すでに多くのカラフルなテントが氷上に張られ、釣りが始められていた。比較的テントが密集している場所を選び、そこにテントを張った。誰もいないようなポツンと離れた氷上であると、ワカサギは散っていてあまり釣れず、釣り人が多いところに集まる習性があるというのである。

若者たちは毎年釣りに来ているそうで、とてもテキパキとしていて要領がいい。見ていると、まず手回しドリルで氷に三つの穴を開け、開けた穴に浮く氷を網できれいに掬《すく》い取った。そして次に、その穴の上にワカサギ釣り用の三人入りアイスフィッシングテントを張った。仕掛けは、長さ六〇センチの釣り竿《ざお》に、針が七本ついて先端に重りが固定してある全長一メートル一〇センチのテグス（釣り糸）をつないだものである。そして七本の針に蛩子《さし》という虫を一匹または半匹刺して釣るのである。この釣り餌はキンバエ類の幼虫で、魚に目立つように赤く染めたものを「ベニサシ」、染めないものを「シロサシ」というそうである。

さて、こうして私を誘ってくれた二人の若者たちはめいめいに竿を持ち、釣り始めたのである。さすがは毎年のように竿をおろしている二人のこと、ワカサギ釣りのコツを熟知しているらしく、面白いように釣り上げていく。そして釣り始めて二時間もすると、二人で八三尾ものワカサギを釣り上げていた。私も彼らの脇でずっと釣っていたのであったが、釣果《ちょうか》はたったの八尾で、これほど経験の差が物をいう釣りはないと思った。

そのワカサギは体長七〜八センチほどの粒の揃《そろ》ったもので、体表は白銀色に輝き、目はクリクリと光って澄んでおり、実に美しいものであった。私たちはもうよかろうと釣りをやめ、テントを畳んでからそのワカサギを持って親船研究室に車で向かった。ワカサギの天麩羅で一杯飲《や》ろうということになったのである。

私のいる研究室の隣は、調理室兼休憩室にもなっていたので、そこで天麩羅を揚げることにした。

　材料はすでに彼らが用意してきたし、何と言っても二人は毎年釣ったワカサギで天麩羅をつくっているので、たやすいことだと頼もしいことを言っている。私はこんなに新鮮な材料のワカサギの天麩羅を揚げるのを見るのは初めてだったので、しっかりと拝見させてもらうことにした。すると二人は面白い揚げ方をした。それはまず、釣ってきたワカサギを一度丁寧に洗い、水気を布巾《ふきん》で拭き取ると、大きめの料理用バット（角形の浅い容器）に入れ、そこになんと牛乳をひたひたに浸るぐらい加えて五分間置いたのである。

「へぇー牛乳を加えるのか。その理由って何？」

と聞くと、

「牛乳を入れると生臭みが取れるんすよ。そして、うま味に幅がのってなまらうまくなるんす」

　とのことだった。「なまら」とは北海道弁で「とても」とか「すごく」の意味である。

　揚げ衣は、ボウルに卵を割って入れ、少し水を加えて溶き、そこに小麦粉をふるい入れ、軽く混ぜてつくった。そして五分後、牛乳からワカサギを上げ、水気を拭き取ると衣を付け、一七〇度の油でカラッと揚げて出来上がりである。

　揚げたワカサギの天麩羅は、直立不動の姿勢でピンと真っ直《ます》ぐに張っている。油も新鮮なために衣の色も黄金色に輝き、その衣の下にうっすらとワカサギの銀白の肌が透けて見えた。

その揚げたてに塩を振り、味見係と称してまず一匹を私が食べてみた。こういう役得は年長者なら当たり前と思っているのか、二人の若者は気にも留めずに天麩羅を揚げている。熱いのでハフハフしながら口に入れて噛むと、まず衣がサクリサクリと歯に当たり、さらに噛むと歯に潰されたワカサギがフワリ、トロリと崩れていって、そこから濃厚なうま味と優雅な甘み、腸《わた》あたりからの淡い苦みなどがジュルジュルと湧き出してきて、それらを揚げ油のペナペナとしたコクが囃し立てて絶妙であった。

すっかり全部のワカサギが天麩羅に揚がったので、それでは酒盛りをいたしましょうと、私は隣の研究室から北海道の名酒「男山《おとこやま》」の純米酒を一升取ってきて燗《かん》をつけ、男っぽく三人で茶碗酒を飲みながら天麩羅を食った。窓の外では雪が舞い始め、風も吹いてきて、「いいタイミングで釣りから引き揚げたなあ」などと話しながら、おいしく楽しい日曜日の午後を満喫した。

道民が知るゴッコの美味

北海道の人以外はほとんど知らないだろう魚にゴッコがある。ダンゴウオ科ホテイウオ属の魚で、一般的にはホテイウオ（布袋魚）として通っている。全体に丸みのある四〇センチほどの魚で、腹底に吸盤がある。北海道では道南でよく獲れ、函館の恵山《えさん》漁港では冬に漁が

ホテイウオ。布袋様の姿に似ているというのでこの名がある。北海道ではゴッコと呼ばれ、ゴッコ汁はコラーゲンが極めて多く、コクがあってうまい。

活気を増してくる。旬は十二月から翌年一月だけれど、冬期はいつでもおいしい。七福神の布袋様のようなぷっくりとした顔や体型で、巨大なオタマジャクシのようなものと考えればそう違いはない。朝鮮半島から日本海北部、オホーツク海、ベーリング海などに多い。

そんな体型なのだけれど、地元の漁師たちはそのおいしさに太鼓判を押している。プルプルとした食感を持っていて、身はアンコウ（鮟鱇）に似た上品な味わいがあり、最近は肌が美しくなるというコラーゲンたっぷりの魚として女性にも人気がある。オスとメスは大きさが違い、オスは小さく、メスは大きい。市価は、大きく美味で、その上卵を持っているメスの方が格段に高く、函館、小樽、札幌、釧路あたりの市場街に行くと、冬の定番として店頭を賑わしている。

私は行きつけの「ふじ寿司」の板長佐藤光明さんがつくる「ゴッコ汁」が一番好きである。つくり方を教えてもらったことがあり、ゴッコをぶつ切りして肉や皮などを湯引きし、冷水に落としてから表面の粘質物を取り去り、それを昆布だし、酒、醬油味で煮たものである。汁の中の卵巣は粘液をまとい、ズルズルと啜《すす》って口の中で噛むと、プッチン、プッチンとした食感がよく、そこからとても上品な甘みが湧き出てくる。肉や皮はまさにアンコウを思わせてとても味わい深い。ゴッコ汁は醬油仕立てが基本であるが、味噌汁は迫力があってもっとうまい。

ざっと表面を流水で洗い、水気を拭き取ってぶつ切りにする。このとき卵巣や精巣、胃袋、肝などの粗《あら》は別に取り分けておく。昆布だしで粗を煮（アクを取りながら）、そこに湯通しして冷水に落としてぬめりを取った肉と皮を入れ、肉に火が通ったら味噌を溶き入れる。味噌の味にゴッコのうま味とコクが付いていてとてもおいしい。

函館の鮨屋では、実に珍しい「ゴッコの卵巣の軍艦巻き」を食べて、そのおいしさに度肝を抜かれたことがある。主人は見たこともない魚卵を酢飯の上にのせ、それを海苔《のり》でくるくると巻いた軍艦巻きを私の目の前に二貫置き、「何の魚の卵かわかりますか」と聞いてきた。それをよく見ると、卵の粒子の大きさは粟粒《あわつぶ》より少し大きいぐらいで、色はやや緑色を帯びている。それまでゴッコの話は一切でなかったのでまさかその卵巣とは思わない。待てよ、見たことあるなあ、と考えていたら、それにそっくりなのが秋田県あたりでよく食べられているトンブリという箒草《ほうきぐさ》の実であった。大きさといい、緑色がかっている色彩といいそっくりだった。だが函館の鮨屋でトンブリの実の軍艦巻きを出すはずがないので、「降参！わからないなあ」と応えると、主人は「ゴッコの真子《まこ》の醬油漬けですよ」と教えてくれた。

私はその珍しい軍艦巻きをまず一貫、何も付けずにムシャリと食べた。噛むと真子は口の中のあちこちでプッチン、プッチンと歯に潰されていって、そこから濃厚なうま味とコク、漬けダレの醬油のうまじょっぱみなどがドロリ、トロリと出てくる。それと酢飯からの甘酢っぱさが絡み、鼻孔からは海苔の香りが抜けてきて、絶妙な軍艦巻きであった。とてもおいしく、そして珍しいので、そのゴッコの真子の醬油漬けのつくり方を聞いた。ゴッコの腹から粘膜に包まれた卵巣を袋ごと取り出し、五〇度ぐらいの温湯の中で静かに揉《も》みほぐすとポロポロと卵だけが出てくる。その卵を味醂醬油に漬け込み、それを軍艦巻きにしたということであった。

頬っぺた落としの寒ビラメ

冬の北海道のヒラメ（鮃）は大型で脂肪がよくのり、身も締まって、一年のうち最も美味といわれる。とりわけ寒ビラメの時期のものは、刺身にしてコリコリとする歯応えの中から出てくるうま味とコクは天下の美味である。

札幌に住む伊藤幸一《いとうこういち》さんは札幌食魔団の一員で、釣りの名人である。大きな建設会社の役員をしながら、余暇を見て釣っている。その腕前は、誰もが認める玄人《くろうと》はだしで、本職の漁師も顔負け。いつも海に出ては巨大なマダラやサクラマス、アイナメ（アブラコ）、ナメタガレイ、クロソイ、ガヤ、ヒラメなどをひょいひょい釣り上げるのである。その主な漁場は噴火湾で、ここは魚介の群れる豊饒《ほうじょう》の海として知られるところである。室蘭《むろらん》港から船で出ていき、帰ってくるときには大漁唄《うた》い込みを口ずさんでの凱旋《がいせん》だ。

その伊藤さんは、釣ってきた魚をときどき「ふじ寿司」に持ち込んで、みんなに食べさせてくれることがある。あるとき、その鮨屋に行くと伊藤さんが来ていて「寒ビラメを釣ってきたので今料理してもらっている。みんなで食べましょう」という。なんと運のいい日だろうかと、伊藤さんにも自分の嘴《くちばし》の長さにも感謝した次第である。北海道では食べものに恵まれていることを「嘴が長い」ということがあるのだ。そのヒラメはなんと八〇センチメートルもある大型で、その日は大漁でほかに何枚か上げたという。まずいただいたのは刺身である。大皿に一枚一枚張られたように美しく盛られたその造りの見事さは、芸術性

石狩港や厚田港、浜益港あたりの朝市に行くと、この垂涎の的のヒラメがなんと２尾で1000円という嘘のような本当の話である。

さえ漂う。その刺身を観察すると、いくぶん乳白色を帯びた透明の身で、全体的にうっすらと淡い桃色を放っていた。実に新鮮。それを箸で取り、ワサビ醬油にチョチョンと付けてから口に入れて嚙んだ。すると身は歯に応えてシコリ、シコリと快く、そこから、優雅でこの上なきやさしいうま味と耽美な甘みがピュルピュルと湧き出してきた。

大皿の縁《ふち》の方に配されていた鰭身《ひれみ》、通称エンガワを箸で取り、ワサビ醬油にチョチョンと付けて食べると、今度はコリリ、コリリとした歯応えがして、そこから濃いうま味と甲《かん》の高い甘みが出てきて、そこに脂肪からのトロリとしたコクも湧き出てきて絶妙の味がした。かなり脂肪ののったヒラメだったので、ワサビの辛みを消すほどで、これぞ寒ビラメの底力だと思った。

煮付けたものもいただいた。捌《さば》いたヒラメが大きかったので、その切り身も迫力満点。大きめの白磁の皿に分厚い煮付けがデンと横たわっている。よく炊けていて、身の全体が煮汁に染まって飴色《あめいろ》となり、また、新鮮すぎるためか身がいくぶん反っていた。その煮付けの真ん中あたりに箸をつけ、まず身をむしり取って口に運んで嚙んだ。すると身はホコホコと歯に応え、それが潰れていくと、そこから濃厚なうま味が湧き出してきて、それを調和のとれた煮汁の甘じょっぱさが包み込んで秀逸であった。

また、ポテポテと膨らんでいるエンガワのところに箸を入れ、そこをごっそりと取り食べた。すると口の中に入ったとたんにピロロンと溶けてしまい、そこから寒ビラメならではの脂肪からのコクや甘み、ゼラチン質のトロトロとした食感などが湧いてくるのであった。賞味している間、頬っぺたが落ちてしまうのではないかと何度も心配した。

第11章　越冬野菜と保存食の知恵

北海道の冬の畑には何も育たない。そのため、雪の下にカボチャ、ダイコン、キャベツ、ジャガイモ、ニンジンなどを囲い、冬を越してきたのである。それが甘く熟し、とてもおいしい。この章では、冬の北海道の人たちが、昔から知恵と工夫を重ねて成し遂げてきた冬の野菜や根菜の保存方法や越冬野菜の囲い方などについて述べよう。

雪の下で熟す

今の北海道の冬では、どこへ行ってもスーパーマーケットや総合食料品店、八百屋さんなどで野菜、根菜、果物、穀物を手に入れることができる。しかし、昔はそうではなく、自分たちの手によって野菜などを蓄え、それを食べながら越冬してきた。たとえば新しく家を構えるときには、裏口となる一間《けん》（約一・八メートル）四方の土間の下に深さ二メートル弱の穴を掘り抜いて周りを板で囲った「庭室《にわむろ》」をつくった。そこにさまざまなもの、たとえばジャガイモ、ニンジン、ゴボウ、ナガイモ、カボチャ、ダイコン、キャベツ、タマネギ、ニンニクなどを入れ、さらに庭で採れた梨《なし》やリンゴ、山ブドウ、ハタンキョウ（スモモ）、栗《くり》なども蓄えて、梯子で昇り降りしていた。

また「家室《いえむろ》」というのもあった。これは台所の板の間の床下に広さ畳一帖《じょう》、深さ二メートル弱の穴を掘り、周りを板で囲んだものだ。ここには野菜や根菜ではなく、米や麦、蕎麦の実、粟などの穀物、魚の干物、漬物、つくり置きの食品などを保存し、常に清潔にしていた。

別の家では、家族が多いというので「岡室《おかむろ》」という大きな野菜貯蔵室をつくっていた。住んでいる家の裏庭に、丸太ん棒を四方の柱、天井に組み合わせ、人が出入りできる入口を備えた一間半（約二・七メートル）四方の小屋である。その周りを壁土で覆い、換気用の煙突まで付けてあり、多くの家族でもひと冬用の野菜や根菜が十分に賄《まかな》えた。

さらに「野室《のむろ》」または「土室《つちむろ》」あるいは「畑室《はたけむろ》」と呼ぶ室もあった。これは家の近くの畑の隅に縦横の長さ三メートル、深さ三〇～四〇センチの土を掘り、そこにダイコン、ニンジン、ゴボウ、キャベツ、白菜などを寝かせるように埋《い》けておき、その上に稲籾殻《いなもみがら》や豆幹《まめがら》、麦稈《ばっかん》（麦わら）などを一面に置き、そこに土を厚さ一五センチぐらいかけておく。こうすると地温で凍《しば》れず、冬を越す。囲われた野菜もじっくりと保養でき、味が濃くなり、うま味が増すという。

特に北海道の食事において、ジャガイモは特別の存在であるから、その越冬には細心の心がけをする。それにはジャガイモを一俵ぐらいずつ俵に詰め込み、その野室に入れる。そしてその俵の周りを稲籾殻や豆幹、麦稈などで覆い、その上に土を二〇センチぐらいの厚さでかけておくと、厳寒期でも凍れずにすむ。

乾かして保存するのも、昔の人たちの特技であった。「干しカボチャ」は、秋にカボチャを薄く切って大豆の枝や麦稈に通して刺し、軒下に吊《つる》しておく。食べるときはひと晩水に浸しておくとふっくらしてくるので、これを生のカボチャと同じように扱う。春の山菜を干して冬の食材にする。「干し山菜」はワラビ、ゼンマイ、コゴミなどを薪《まき》や焚《た》き火の残り灰とともに茹でてアクを取り、木炭を完全に洗い去ってから簀《す》の子や板の上に並べて風通しのよいところで干す。完全にカリカリになるまで乾燥すると冬までもつ。食べるときは一〜二時間水に浸し、ふやかして使う。

「先干しダイコン」というのもある。ダイコンを葉を付けたまま洗い、皮を剝《む》いてから縦長に細い棒状の切れ目を七〜八本入れ、葉の部分を二〜三本ずつ縄で結んで軒下に吊し乾燥させる。十分に乾燥したダイコンは皺々《しわしわ》の黄褐色になり、水分が抜けたのと日光を十分に吸収したのとでとても甘くなり、保存も利く。冬は他の野菜類（ゴボウ、ニンジン、コンニャク、昆布）とともに煮しめなどにする。年越し料理のうま煮には必ずこの「先干しダイコン」を使う。

「さらしダイコン」は、凍らせて水分を抜く方法でダイコンを乾燥させるものである。冬になって寒さが厳しくなった日にダイコンをよく洗い、縄で何本も縛《しば》ってから戸外に吊しておく。するとカチカチに凍るので、四〜五日はそのままにしておく。その後、その淡く黄色じみたダイコンを水に戻し、何度も水を換えながら再びダイコンを白い色に戻す。それを再度寒い日に戸外に出しておく。するとダイコンはまた凍るが、そのままにしておくとやがて水分がどんどんなくなり、最後はカサカサに乾燥してきて金茶色になり、重さも軽々になる。これを水に戻して冬場の煮しめとして油揚げやゴボウ、ニンジン、コンニャク、身欠《みがき》ニシンなどとともに煮つける。

「干し葉」は、ダイコン漬けのとき出た葉を捨てずに、さっと熱湯で湯通しし、縄に振り分けてかけ、干すといつまでももつ。野菜に乏しい冬に、味噌汁の実や炒めものにする。食べ方の一例は、容器にダイコンの干し葉を入れ、お湯を注いで戻し、水洗いしてから細かく刻む。この戻し葉とニンジンの千切り、油揚げを油で炒め、醬油と砂糖で味を付ける。

「ニオの塩糠《しおぬか》漬け」は、茎の太さが三センチもあり、先端が三つ叉《みまた》に分かれているエゾニュウ（蝦夷丹生）という山菜で、五月頃若い茎を取り、皮を剝いてから茹で、麻袋に入れて三〜四日海水に浸しておく。これを今度は真水に四〜五日浸すと苦味が抜ける。次にそれを樽《たる》に入れて塩を多めにまぶし、さらに米糠を撒《ま》いて蓋をして重石《おもし》をかけ一年間貯蔵しておくと、あとはいつの冬でも塩抜きして食べられる。煮しめやクジラ汁に入れたり、味噌汁の実、油炒めなどに使われる。

「キノコの塩漬け」は、秋に採れたキノコをすぐに食べずに、塩漬けして冬の食卓に供するためのものである。塩抜きしてから水気を切っておろしたダイコンと食べたり、汁の実にしたり、ご飯と一緒に炊き込んだりする。

低温糖化の摩訶《まか》不思議

「越冬野菜」は、北海道で開発された知恵の技法である。雪解けが進む頃から、あちこちで収穫が始まり、雪の中からニンジン、キャベツ、ジャガイモ、ダイコン、タマネギなどがゴロゴロと掘り出されてくる。その始まりのきっかけは、四〇年ほど前、上川《かみかわ》支庁（現在の上川総合振興局）の和寒町《わっさむちょう》での偶然の出来事だといわれる。豊作のために市場価格が暴落し、出荷できなくなって残ったキャベツをしかたなく畑に放置した。冬になってそこへ雪が降ってきてキャベツは雪の下になり、そのまま春を迎えた。雪が解けて顔を出したキャベツはまだ青々として畑に並んでいて、収穫直前のような風景。あまりにも瑞々《みずみず》しいので食べてみたところ、その甘さに驚き、これはぜひ商品化しようと、それから品種の改良と雪下《せっか》保存の研究を重ね、ついに和寒町は甘くておいしい越冬キャベツのブランド化に成功したのだという。

どうして越冬野菜は甘くなるのかを道内の研究所で調べたところ、雪の下で眠らせることにより、野菜に含まれている糖化酵素の中で低温下でも作用することのできる酵素が働いて糖をつくったためだということがわかった。そして貯蔵中、さらにさまざまな栄養成分がつくられ蓄積することもわかったのである。

また後志《しりべし》支庁（現在の後志総合振興局）ニセコエリアの真狩《まっかり》村では、「雪の下ニンジン」がブランド化した。雪の下で越冬したニンジンは糖分が倍増し、砂糖を加えたかのように甘くなり、その上、特有のニンジン臭みも消え、ニンジン嫌いな子供まで大好きになっているという。大手の野菜ジュース会社との取引も始まっているようだ。一方、ダイコンの生産量で北海道一の留寿都《るすつ》村では、甘さと味のきめ細かさ、瑞々しさを売りものとして「越冬ダイコン」が生産された。このダイコンは、サラダはもちろん、おでんや風呂吹き大根などで全国的に人気が出ている。さらに倶知安町《くっちゃんちょう》では、「倶知安じゃが五四〇《ゴーヨンマル》」というジャガイモが話題になっている。五四〇日間も雪囲いの室に貯蔵したものというから、ふた冬の間熟成させたジャガイモだ。この間、ジャガイモ中のデンプン分解酵素がデンプンを分解し、ぶどう糖にしているわけである。甘みとコクが高く、道内だけでなく東京のレストランでも使われているという。

こうして今では、北海道にはキャベツ、ニンジン、ダイコン、ジャガイモのほかにカブ、カボチャ、ゴボウ、長ネギ、ホウレンソウ、コマツナ、ユキナ、ユリの根、リンゴなども雪の下で熟成している。

第12章　冬の料理は心を温《ぬく》める

カジカ鍋にぞっこん

冬の北海道料理といえば、毎日寒い日が続くので鍋料理が欠かせない。私はその鍋を囲んでワイワイやるのが好きなので、札幌にいるときや道内を回っているときは、夜はたいがい鍋をつっつく。冬鍋で印象に残っているのは「カジカ鍋」である。北海道には海のカジカ（鰍）は何種類かいるそうだが、食べて最も高価でうまいのはトゲカジカ（棘鰍）で、体長三〇～五〇センチほどのものが多いが、稀《まれ》に大きなものは七〇センチ、一〇キロ近いという。魚偏《うおへん》に秋と書くのは、秋から旬が始まり美味になるからだそうで、身が締まる冬が旬の真っ最中に当たる。この魚の別名は「ナベコワシ」で、あまりのうまさに鍋を壊すほど箸で鍋をっついて食べることから付けられたという。また、頬にある四本の棘《とげ》のうち一本が長いので「ヤリカジカ」の愛称も持つ。北海道からアラスカ湾にかけて多く分布していて、底曳き網や延縄《はえなわ》で漁獲される。鍋のほか、肝の共和《ともあ》えで多く賞味される。

私がこの「カジカ鍋」を初めて食べたのは留萌《るもい》市であった。市内の小料理屋に入って「うまい鍋、食べたいのだが」と言うと、主人は「カジカ鍋ならありますよ」と答えた。そしてすぐに「北海道でカジカ鍋というと、たいがいは口が大きく唇の厚いちょっとグロテスクなカジカを使うんですが、うちはナベコワシですから」と言い添える。そこで、「ではそれを頼みます」と言って待っていると、小さな土鍋仕立てにして、そのカジカ鍋を出してくれた。

その鍋を見ると、白身にやや赤色を帯びたカジカの身と粗《あら》のぶつ切り、ニンジン、ダイコン、ジャガイモ、ネギ、豆腐が入っている。全体が濁っており、味噌仕立てだとわかった。まずは鍋から煮汁を汁杓子《しるじゃくし》（御玉《おたま》）で掬《すく》い取り、それを椀《わん》に取って啜った。するとびっくり。その汁は非常にコクがあって、うま味も濃い。どうしてこんなにコクがのっているのか不思議に思うぐらいであった。次にカジカの身を取って食べると、少し歯に応えてプリリとして、そこから品のいいうま味がチュルルと出てきた。それが幅のあるコクと味噌のうまじょっぱみと渾然《こんぜん》一体となって実に美味である。また粗も嬉しかった。中骨についている身を前歯でかじるようにして口の中に取り込み、それをゆっくりと噛むとホコリ、ポロロと崩れながら、そこから甲高いうま味と淡い甘み、ゼラチンのような押しのあるコクが出てきた。

とにかく、そのカジカの身と粗と味噌を使っただけで、あとの豆腐も野菜もみなうまい。

食べながら主人に「ずいぶん濃厚なコクのある鍋ですねえ」と言うと、「ええ、カジカの肝も潰して入れてますんで」とのことだった。道理でコクがのっているはずである。ついでにつくり方を聞くと、あらまし次のようであった。ぶつ切りしたカジカの身や粗（四〇〇グラム）に軽く塩を振り、沸かした湯をカジカ全体にかけ回して霜降り状態にする。肝（一尾分）は擂《す》り鉢で擂りおろす。野菜は食べやすい大きさに切る。鍋に水（一リットル）を張り、そこにカジカを入れてアクを除きながら煮る。カジカに火が通ったらダイコン（五センチの半割りをイチョウ切り）、ジャガイモ（二個）、ニンジン（半本）、タマネギ（半個）、白コンニャク（三分の一丁を薄く小口に切る）を入れ、ジャガイモが柔らかくなるまで煮て、最後に豆腐（半丁）とネギ（白根の部分一本）、肝を入れて火を通し、味噌（七〇グラム）を加えて味を調える。

「一尾カニ汁」の至福

とても寒くときどき吹雪《ふぶ》く日、仲間たちと札幌の小さな居酒屋に入って品書きを見ると「一尾カニ汁」があり、驚くことにカニ一尾にしては値段が安い。よしよしまずはこれでいこう、ということになって注文した。しばらくして出されると、各人の丼に味噌仕立てで毛ガニのようなカニが甲羅ごとぶつ切りされて入っていて、そのカニの身の上にネギの小口切りとショウガの千切りがのっている。

まず汁を啜ると、カニみそのコクがじゅんわりと広がってきて、そこにカニの身からの上品な甘みとうま味とが出てきて、全体が甲羅や脚の殻から出ただし味が包み込んでうまい。カニは少し小ぶりの毛ガニのようだが、本当に一尾丸々入っている。これは豪勢だなあと汁を啜り、身をほじくり出して食べた。熱燗のせいもあって、体はポカポカと温まる。すっかりそのカニ汁をいただき、あとはハッカク（トクビレ）の味噌焼きとワカサギの天麩羅をいただき、では帰りましょうかと会計を済ませるとき、私が「カニ汁うまかったよ。それにしても一人一人に一尾を出してこの値段、安いねえ」と言うと、正直者の女性店員、「お客さんあれは毛ガニでなくクリガニなんですよ」と教えてくれた。そうか、クリガニだったのかと納得した次第。

実はクリガニは冬が旬のカニで、私は小さいときこれをよく食べていた。福島県小名浜《おなはま》漁港によく揚がり、安く売られていたので、待ちどおしい冬が来ると、買ってもらい貪《むさぼ》っていたのである。このカニは毛ガニと形や風貌が酷似しているが、大きさが毛ガニよりひと回り小さい。味は毛ガニの方がきめ細かく、甘く上品だけれど、子供の頃はそんな違いなど知らないから、周りが毛ガニだと言っていたので食べていた。そんな昔のことを思い出しながら、札幌で啜った「一尾カニ汁」はとても身も心も財布も温めてくれた。

俺流クジラ鍋

私は「特定非営利活動法人クジラ食文化を守る会」の会長を二〇年以上引き受けていた。ある春の日、IWC（国際捕鯨委員会）による調査捕鯨の現状を視察するため、私もそれに参加する機会を得た。場所は網走市、釧路市、白糠町《しらぬかちょう》で、主に調査捕鯨によって得られたクジラ（ミンククジラ）の解体処理現場と、その肉の流通について見て回ることであった。解体調査は白糠町で、流通は網走市と釧路市で行われた。

その年の冬、再び釧路市を訪れたとき、和商《わしょう》市場でミンククジラの肉を買った。釧路や網走では調査捕鯨で獲れたクジラが市場に出てきていて、ひょっとしたら春の解体で出合ったミンククジラなのかもしれない。買ったものは赤味肉の塊で、クジラでは一番安い部位の肉である。その肉を友人でカネセフーズ社長の魚谷益三さん宅に持ち込んで「クジラ鍋」をつくった。釧路や網走では、クジラ鍋は昔から冬の鍋料理のひとつだということである。魚谷さんは「札幌食魔団」の顧問をしてくれている食いしん坊でもある。

そのときのクジラ鍋は、作家・檀一雄《だんかずお》の檀流クッキングを参考にいつも私がつくっている、経済的ながらとてもうまい鍋である。鍋に水を張り、だし昆布を浸しておいてだしを取る。クジラの肉は薄切りにする。檀流ではミズナ（水菜）を使うのだが、そのとき釧路にはミズナがなかったのでクレソンを代わりに使うことにし、それを一〇センチの長さのざく切りにしておく。昆布からだしが出たら醬油と酒で自分好みの味を調え、そこにニンニクとショウガの叩《たた》き潰しをみじん切りしたものを好きな量加え、そこにクレソンを投入。グツグツと煮えてきたら、そのクレソンの上にクジラの薄切りを置いて、クジラがレア（半煮え）の状態になったところで食べるのである。

北海道のクレソンは四月から五月に山菜として出てくるが、栽培ものは和商市場でいつでも手に入る。そのクレソンの上に置いたクジラの赤身肉は、熱せられて周りが白っぽく変わり始めると、中心付近にじっとりと赤い色のドリップ（うま味を含んだ汁）が滲み出てくる。そのときを見逃さないでクレソンごとゴソッと取り、口に運んで食べるのである。嚙むたびにクジラのレア肉から極めて濃厚なうま汁がビビュ、ビビュと湧き出してきて、クレソンはサクリ、サクリとしておいしい。パリパリとしたミズナとサクリサクリとしたクレソンでは歯応えも味も違うけれども、クレソンから出るホロ苦みがなんとなく滋味感をつのらせて絶妙であった。

極上のカニすき

北海道の冬に市場の店頭の一角を染めるのが道産ベニズワイガニである。本ズワイガニよりずっと安いので鍋用に気軽に使える。吹雪いて凍《しば》れる日、家々ではこのカニを丸ごと一パイ買って帰り、「カニすき」にすることが多い。北海道のカニすきは生のベニズワイガニを使い、カニみそまで入れるのでコクが出て実にうまい。一般的なつくり方だが、材料は生のベニズワイガニ（経済的に余裕のあるときは本ズワイガニでもよい）一パイ、エノキダケ一袋、シュンギク一束、生シイタケ八枚、長ネギ四本、ダイコン八〇グラム、ニンジン五〇グラム、白菜四枚、豆腐一丁。生のカニはぶつ切りにし、甲羅からカニみそを取り出し、だし汁（四カップ）で溶きのばして土鍋に入れる。エノキダケは根元を切り揃え、シュンギクは五センチの長さに、生シイタケは石突き《いしづ》（根元の方の硬い部分）を取り、傘に切り込みを入れる。豆腐はひと口大に切り、ネギは斜切り《はすぎ》りにする。ダイコン、ニンジン、白菜は適当に切って下茹でしておく。土鍋を火にかけ、アクを掬い取りながら醤油と塩少々で味を付け、ぶつ切りにしたカニの身を入れ、さらに野菜類と豆腐を加えて煮れば出来上がりで、ポン酢醤油で食べる。

そのカニすきを碗に取り、まずスープを啜ってみると、カニみその濃厚なコクとカニの身からの甘みとうま味とが口中に疼《うず》く。その間、ずっと鼻孔からは煮られたカニの香りが抜けてきて、そのカニの風味は加えた具のことごとくを染めつけて、天国のような鍋であった。すっかり食べ終わった鍋に煮汁が残るので、そこへご飯を入れてグッグッと煮、最後に溶き卵を上から回しかけして雑炊をつくる。それを取り碗に盛り、上からポン酢醤油をかけ、七味唐辛子を振って食べると、今度は極楽の雑炊となる。寒い日の北海道にはよく似合う鍋料理だ。

心洗われるホタテの雑炊

雑炊といえば、冬の北海道でよく賞味されるのが「ホタテ雑炊」である。

第1章（一二頁）で述べたように、北海道では年中新鮮なホタテが手に入るので、冬の雑炊にも殻付きの生ホタテが使えるのである。簡単なホタテ雑炊のつくり方を、よく行く定食屋の主人に教えてもらった。生の殻付きホタテ四個を用意し、殻を開けて砂袋とウロ（中腸腺《ちゅうちょうせん》と呼ばれる消化器官）、直腸（細く黒い紐《ひも》）を取り除いてよく洗う。貝柱を取り、生殖巣（オスはクリーム色、メスは赤橙色《あかだいだいいろ》）があったら取り、ヒモ（外套膜《がいとうまく》）も取っておく。ヒモは塩を振ってよく揉み、ぬめりや汚れを落として小さく刻む。貝柱は手で大きめにほぐし、生殖巣はぶつ切りにする。ご飯（三〇〇グラム）を笊《ざる》に入れ、さっと水洗いして水気を切る。だし汁（五カップ）を鍋に入れて煮立て、味噌（大サジ四）を溶き入れ、ご飯を静かに入れて煮立てる。ひと煮立ちしたらホタテ（貝柱、生殖巣、ヒモ）を加えてしばらく煮、おろし際にセリ（二センチの長さに切ったもの少々）を入れて火を止めて出来上がりである。

私は、主人の教え通りにつくって寒い日によく食べるが、貝の上品なうま味が飯の甘みと合い、そこに味噌のうまじょっぱみが入り込み、とにかくホタテとご飯だけのシンプルな味噌仕立て雑炊は心洗われる味なのである。

シカ肉の真味

北海道にはエゾシカ（蝦夷鹿）という大型の野生ジカが六七万頭も生息している。本州にいるシカとは比べものにならないほど大きなシカで、オスの頭から尻《しり》までの胴の長さは一五〇～一八〇センチ、体重一〇〇～一四〇キロ、メスはこれよりやや小さいが、本州のオスジカよりはるかに大きい。あまりに数が増えたためにこのところの農林業の被害は甚大で、北海道庁や道内の各自治体はシカの有効利用の一環としてジビエ料理の振興を図っている。ジビエとは野生鳥獣の肉を意味するフランス語である。

シカの肉はこれまで、クセがあるとか臭いとかと流布されてきたが、私もずいぶんと北海道で食べてきたけれど、全くそのようなことはない。それは、シカを駆除した際の現場での処理方法によるもので、その場でいち早く体内から血液を抜けば、臭みは全くせず、肉も非常においしくなる。帯広《おびひろ》でも釧路でも、血抜きした新鮮な肉をステーキやシチューにして食べたが、脂肪もそう多くなく、牛肉でたとえるなら赤牛系の赤肉に似ていて、味も濃くヘルシーである。

野生のシカ肉にも旬があり、それは秋から初冬とされている。秋の山にはドングリを代表とする木の実が多く、まだササの葉や樺《かば》の木の皮も豊かに茂っていて、これから来る冬の寒さに備えて体力をつけるため旺盛《おうせい》な採食を行っているのである。そのため体には脂肪ものり、肉も付き、一番美味だとされている。そして冬に入ってしばらくはその体力で寒さを凌《しの》いでいくので、冬の肉も旬だというわけである。

そのようなことがあって、秋から冬にかけて北海道では、シカ肉料理が主として西欧料理のレストランでよく出される。外国にはシカやイノシシ、ノウサギなどの野生動物の肉を珍重する歴史と伝統があり、それが日本のジビエ料理の風潮に合わせて相乗してきたのである。札幌のちょっとしたレストランに行くと「鹿肉ステーキ」や「鹿肉ロースト」、「鹿肉カツレツ」、「鹿肉ワインバター焼き」、「鹿肉のポーピエット」などさまざまあり、また日本料理店でも「鹿肉のたたき」や「鹿肉串焼《くしや》き」などを食べることができる。

実は少し前の冬のことだが、私は帯広市の友人宅で大変珍しいエゾシカ料理を賞味させてもらった。それも冬にぴったりの鍋料理で、その知人の話ではシカ肉愛好者の間では冬料理としてこれを食べる人が結構多く、定着しつつあるのだという。その上で、今は北海道にはシカ肉の専門店もあるし、デパートの精肉売り場のジビエコーナーに行くと簡単に手に入るので、よくつくって食べているとのことだった。その鍋料理は「紅葉《もみじ》鍋」という。

シカ肉に「紅葉肉」あるいは単に「もみじ」という雅称があり、『古今《こきん》和歌集』の「おく山に紅葉《もみぢ》ふみわけ鳴く鹿のこゑきく時ぞ秋はかなしき」（よみびとしらず）から来たものである。シカはとても美味なので昔から食べられていたらしく、『日本書紀』には仁徳《にんとく》天皇に献上されたといった記述もあるほどである。私がいただいた「紅葉鍋」の肉は、背ロースだということだった。ひと口大に薄めに切った肉は、赤みを帯び、脂肪はほとんど付いておらず、しっとりとしていた。鍋に昆布のだし汁を張り、そこで白菜、長ネギ、モヤシ、ゴボウ、豆腐とともにシカ肉を煮、全体にゴマの実を撒いたもので、味付けは塩だけであった。

さて、その肉の味はどうだったかというと、全く獣臭がなく、味にも特段のクセもなく、嚙むとシコシコとして歯に応え、そこから嚙むたびにうま汁がジュルル、ジュルルと出てきた。脂肪がほとんど付いていない肉なのでコクは少なかったが、その分うま味は強く、野趣卓出の鍋であった。

縁起仕立ての正月雑煮

北海道の正月に食べる雑煮《ぞうに》はとても郷土色豊かである。新年会と称し、一月中はあちこちで会合や食事会があって忙しいが、そこで食べる雑煮はたいがい生ザケを使い、その上にパラパラパラとイクラを撒いてある。子孫繁栄を願ってのものだ。角餅《かくもち》（四個）を焼き、生ザケ（切り身二）はひと口大に切ってから酒と塩を少々振り、しばらくして熱湯をかぶせて霜降り状態にする。ダイコン（三〇グラム）、ニンジン（三〇グラム）は末広に包丁を入れ、白菜（二枚）と生シイタケ（石突きを取ったもの四枚）は三センチの長さに切る。だし汁（四カップ）に白味噌（八〇グラム）を入れて味噌汁をつくり、そこに生ザケと野菜類を入れて煮る。雑煮椀に餅を入れておき、サケに火が通ったらその上に盛り、そこにイクラ（大サジ二）と小柱《こばしら》（バカガイの貝柱。小サジ四）をのせ、三つ葉を添えて出来上がり。

その椀の雑煮はまさに正月らしく華やかである。黄金色の汁の中にサケの淡い紅色とニンジンの赤、イクラの赤橙色に小柱の透き通るような淡黄色、シイタケの濃い褐色に鮮やかな三つ葉の緑。縁起ものはまずサケで、川で生まれて海で育ち、その海の過酷な環境を生き残ったサケだけがまた川に戻ってくる。このように大きくなって帰ってくるサケを出世魚と見立てたのである。イクラはカズノコと同じく子孫繁栄、小柱は束柱《つかばしら》とされる。束柱とは縁側の下に立てて家を支える短い柱のことで「縁の下の力持ち」、つまり家を支える、に掛けている。

いよいよその雑煮をいただく。まず椀の下の方から焼いた餅を一個取って食べる。ムッチリネッチリとした餅は、サケや味噌、野菜の味に染められてうま味がまといつき、餅そのものからも品のいい甘みがチュルチュルと出てくる。サケの身はホコホコと歯に潰されて、今度はそこから奥深いうま味とコクがジュルジュルと出てきて、イクラはプチュン、プチュンと潰れて濃いうま味と熟《な》れた塩味が出てきて、小柱はコリリ、コリリと潰されて、そこから貝特有の甘みがピュルルと出てくる。いやはや北海道のめでたい雑煮は、新年を慶賀し、一年の福を願うばかりか、舌まで踊らせてくれる魔法の力を宿しているのである。

V

通年の味覚

第13章　おらが道民の味自慢

ジンギスカンへの憧憬《しょうけい》

ジンギスカンは今や、北海道を代表する郷土料理のひとつである。マトンやラムなどの羊肉を鉄板または鉄鍋で焼いて食べる料理だ。この料理の起源は中国大陸にあるといわれ、日本陸軍の旧満州への進出などのときに、中国の烤羊肉《カオヤンロウ》という羊肉料理から日本人が着想を得た、などという伝聞もあるが定かではない。また、かつてモンゴル帝国を率いたチンギス・ハンとは全く関係がない。

北海道では、国策で明治時代から綿羊《めんよう》の飼育が盛んとなり、大正時代に入ると国産羊毛自給を目指して「綿羊百万頭計画」が立案され、札幌の月寒《つきさむ》や滝川《たきかわ》などに種羊場《しゅようじょう》がつくられた。そのような背景があって、やがて食肉用の飼育も盛んになり、次第に羊肉を食べる土地柄にもなっていったのである。したがって「ジンギスカン料理」の名は、古くから羊肉料理のあった北海道で起こったのではなく、東京あるいはどこかの羊肉料理専門店あたりから北

何人か集まって一杯飲ろうとか、客が来て食事会をやろうということになると、衆議一決してジンギスカンとなる。つまり道民にとってとても幸せな肉料理なのだ。

「札幌食魔団」例会の一場面。この日は15人ほど集まり、ジンギスカンに舌鼓を打った。写真中央が筆者。

海道に伝わってきたのだろう。

そうした歴史の話はともかく、私はジンギスカン料理が大好きなので、北海道にいるときは食いしん坊仲間たちとよくやる。旭川《あさひかわ》市の友人を訪ねても、帯広《おびひろ》市の知人のところでも、上湧別《かみゆうべつ》の農家に立ち寄っても、「先生、ジンギスカンやるべか」とくるので、私も「やっぺ」と嬉《うれ》しく応《こた》えるとすぐに準備にとりかかる。ジンギスカンの好きな北海道の人は、常に冷蔵庫に羊肉をストックしておくので、街まで肉を買いに行く、なんてことは必要なく、あっという間に楽しい宴《えん》が始められるのである。

ある冬の日も旭川の永山《ながやま》に住む友人宅でジンギスカンを楽しんできた。暖かい時期だと戸外でやるのが普通だが、冬なので彼の自慢のダイニング・キッチンでやった。テーブルの真ん中に、北海道式といってもよろしいジンギスカン鍋が据えられて、その上にタレを漬け込んでおいた羊肉をのせ、あとはジージーと焼きながらその肉を口いっぱいに放り込んでいくのである。

リンゴやニンニクをたっぷりと使った、奥さん自慢の「秘伝のタレ」（だいたいどの家でもこう言う）はさすがで、いくらでも食べることができた。肉を噛《か》むと、チュルルとうま汁が出てきて、それがタレの甘辛みと絡み合い、脂肪のコクも押し上げてきて、鼻からは、微《かす》かに羊肉の匂《にお》いがしてきて、吾輩《わがはい》はたまらず「ウメ～ェ」と羊の鳴き声をまねて興じた。

数年前のことだけれど、一度は行ってみたいとかねて思っていた北海道の島に渡って、そこで体験した羊肉のおいしさに感動し、カルチャーショックを受けて帰ってきたことがある。そのときは、国際政治ジャーナリストの手嶋龍一《てしまりゅういち》さん、洋食料理家の三國清三《みくにきよみ》シェフも一緒だった。お二人とも道内の出身である。

行った島は北海道の焼尻島《やぎしりとう》。地図を見ても、よく注意して見ないと見落とすほどの、日本海に浮かぶ周囲一二キロメートルの小さな島で、すぐ隣にはオロロン鳥《ちょう》（ウミガラス）の生息地で知られる天売島《てうりとう》がある。

留萌《るもい》振興局管内の羽幌町《はぼろちょう》の港から高速船で約一時間でその焼尻島に着く。この島の羊肉はとても美味だという評判を聞いて行ったのである。島の人口は約二〇〇人であるのに対し、羊は五〇〇頭以上飼われている。景観も美しく、いったいここは日本なの？　と思うほどで、北欧の島々に行ったことのある人は、きっとその風景と重ねて思い出すに違いない。

島で飼われている羊はすべてサフォーク種で、その肉のおいしさには定評がある。この焼尻島の牧草は、海からの潮風に撫《な》でられてミネラルをたっぷり含んでおり、その青々とした草を食べて羊は育つ。だからとてもおいしいのだという。美味な羊肉で世界的に有名なフランスのノルマンディー地方にもそのような話がある。

そこで私は、本当に焼尻島の羊肉は美味なのか、と賞味してきたわけなのであるが、結論は「世界一おいしい」である。かつて南米でも北欧でもモンゴルでもオセアニアやフランスでも、羊肉の名所ではたいがい賞味してきた私だけれども、正直言って日本の焼尻島のものは世界一おいしいと、身びいきなしの実感で決めたほどだ。

羽幌町から依頼されて、ボランティアのような立場で牧場を経営している畑中修平《はたなかしゅうへい》さん（本業は留萌市にある大手建設会社の経営者）に、牧場で飼育された羊肉を賞味させていただいた。

食べ方としては、薄切りにしたラムのラック（背の部分）やショルダー（肩の部分）、ショートロイン（腰の部分）などを炭火で焼いてそれに天然塩をパラパラと振っただけで食べたのであったが、その柔らかさは比類なく、そして羊特有の臭みなどほとんどなく、噛みしめる肉からは上品なうま味と優雅な甘みが湧《わ》き出てきて、驚嘆すべきものであった。その上、この島の羊肉の脂肪は、植物性の油のごとく常温でも溶けてしまうほどペトペトトロトロしていて、牛脂や豚脂のような白い塊のようなものではなかった。これならいくら食べても胃や腹にもたれることはないと思い、どんどん食べたのであったが、その通りで、大いに賞味した後でも、またすぐに食べたくなるほど胃袋に快適な肉だった。

羊肉のおいしさや肉質のすばらしさは、毎日食べているミネラルたっぷりの牧草と、周囲の環境、育てる人たちの愛情で決まるものだなあ、とつくづく思った。

その北海道のジンギスカンには思い出もある。私のいる石狩《いしかり》市の親船研究室から、石狩河口橋を車で渡って二キロほど先のところにある「清水《しみず》ジンギスカン」という店にときどき昼飯を食べに行くことがあった。この店はジンギスカン料理専門店であるが、札幌のすきのや旭川のさんろく街でよく見かけるような立派な構えにはほど遠く、この店を目当てに行った者でも、気付かずに通り過ぎてしまうほど目立たない。

私が最初にこの店に興味を持ったのは、周りの人たちが「ジンギスカンの王道とはあの店のことだべ」とか「完成されたジンギスカンていうのは、清水で味わうことでないかい」などと絶賛する声をしばしば耳にしたからだ。親船研究室から車で行けばたった一〇分ほどしかかからぬところに、そのような名店があるのならばと、ある日の昼飯時に涎《よだれ》を流しながら行ってみたのだった。

ガラス戸を開けて入るとすぐに右側に冷蔵ショーケースがあって、「ジンギスカン売り場」となっている。肉は冷凍ではなく、赤々とした光沢のある肉がおいしそうに入れられていた。なんと一キログラム一六〇〇円也という安さである。足元を見ると、もう多くの客が無造作に脱いでいった革靴や運動ズック、路上スリッパ、サンダルが所狭しと散乱している。その履物《はきもの》脱ぎ場から一歩上に上がると、その先はかなり年季の入った畳が敷いてある部屋で、客が座って食事をする卓袱台《ちゃぶだい》が何卓も配してあった。

卓袱台を前にして座布団に胡坐《あぐら》をかき、壁に貼《は》ってあるメニューの短冊《たんざく》を見ると、ジンギスカンしかなく、ライスだけ大・中・小と区別され、あとはビールやジュースといった飲みものだけである。ジンギスカン一人前とライス小を注文したのは正解で、ライス大は丼に盛って三杯分、中は丼二杯分、小は丼一杯分だということを後で知った。

しばらくして、中皿に盛られた羊肉と丼飯が運ばれてきた。ジンギスカンは、この店特製のあっさりとしたタレに肉を漬け込んだもので、それを焼いて食べるのである。卓袱台の上のガスコンロにはピカピカに磨かれた帽子型ジンギスカン鍋が配置されていて、鉄製のその鍋には、ジンギスカン用に特有の溝が幾筋も掘られている。

タレに漬け込まれていた羊肉について聞いてみると、柔らかで臭みの少ないラムではなく、マトンだということであった。ラムに比べて匂いが強く、いくぶん筋が多く硬めだけれども味は濃厚で、私はラムもマトンも大好きである。肉の周りには多めにモヤシとタマネギも添えられている。

鍋に火を付け、その上に大きめの羊脂の塊をのせ、それが溶け出してきて煙が上がってきたところで鍋の周りにモヤシとタマネギを置き、いよいよ羊肉を焼いた。肉は新鮮で力のあるマトンのためか、熱せられた鍋の上でチリリと反り返るように丸まり、ジュージューと鳴き出した。すると、私の周りには、タレに染まったマトン特有の焼き香《が》が煙とともに漂い、その香ばしい匂いが胃袋を締めつけるように迫ってくる。

その熱々の肉を受け皿にいったん取り、それをいきなり口の中に頰張った。熱いのでハフハフしながら嚙むと、その肉はとても柔らかく、歯で潰《つぶ》された肉の中から濃いうま味と脂肪からのコクとがジュルジュルと流れ出してきて、それを特製ダレの甘じょっぱみが囃し立て、実に美味であった。そして嚙んでいる間中、鼻孔からは焼かれて一部焦げた香ばしい肉の匂いとタレからのニンニクの快香などが抜け出てきて絶妙である。こうして次々に肉を頬張り、飯を食べ、気が付くと目の前の肉と丼飯はあっという間に胃袋にすっ飛んで入っていってしまった。

私はそれ以後、月に一、二度は「清水ジンギスカン」に行って食事をした。そして、いつの間にかこの店でのジンギスカンの味が、私の大脳皮質味覚野にすっかり固定されてしまい、ときどきどうしても食べたくなる思いに駆られるようになった。私はそこで、いったいなぜこの店のジンギスカンに魅了されるのだろうか、と店に行くたびに自問したのであったが、あるとき幾つかの答えが浮かんだ。

そのひとつは、タレと肉のバランスが絶妙だからだ。これはただ肉を漬けておいたのではなく、おそらく手で揉みながら丹念に漬け込んだものであろうと推察した。だからこそマトンなのに焼いても柔らかく食べられることにつながっているのであろう。第二は、肉の脂肪が特別だからである。いくら食べても満腹感がなく、逆に言えばいくらでも食べられる不思議なジンギスカンであるのは、おそらく脂肪のためなのだろうと思った。とにかく腹にもたれがなく、毎日食べても飽きがこないと思われるのは、肉の脂肪酸組成の違いで、牛肉や豚肉には飽和脂肪酸が多いのに比べ、この店の羊肉は植物油の主成分である不飽和脂肪酸が多いからではなかろうか、と思ったのである。

そして何と言ってもまた来たくなる理由のひとつが値段が安いということで、私が通っていた頃はジンギスカン一人前が五五〇円、小ライスが一一〇円だった。
ところが、ある夏の日の昼飯時、何日ぶりかで「清水ジンギスカン」へ行くと一大事が起こっていた。店の戸口に暖簾《のれん》が掛かっていないばかりか、玄関のガラス戸も完全に閉め切られ、屋根の軒下に「清水ジンギスカン」と書いて貼り付けてあった看板も外されていたのである。私は誰もいないその淋《さび》しい店の前で、ただ啞然呆然《あぜんぼうぜん》として立ち尽くすしかなかった。
しばらくしてガラス戸の中央に一枚の貼紙がしてあるのに気付き、近寄ってみるとそこには「当店は平成25年7月5日㈮をもちまして閉店いたしました。長年のご愛顧誠にありがとうございました。清水ジンギスカン」と書いてあった。
私は「清水ジンギスカン」に通うようになったある日のこと、店を切り盛りする女主人に聞いたことがあった。
私「この店はいつ開店したんですか？」
女主人「昭和三十五年です」
私「お店はいつもお客さんが多いですが、すぐにてきぱきと対応してくれますね。いったい何人で店を動かしているのですか？」
女主人「二人です」
私「えっ？　たったの二人？」
女主人「ええ、私と娘だけです」

淋しくなった店の前の貼紙を見ながら、私はかつてそんな会話をしたことをぼんやり思い出した。もしかしたら娘さんが嫁いだのかなあ、いやひょっとしたら女主人の体調がすぐれないのかもしれない。しかし何であれ五三年間、よくがんばってきたなあ。そんなことを思いながら、残念だが「清水ジンギスカン」での昼飯はきっぱり諦《あきら》めようと気持ちを整理し、オールドリバーに向かった。

小麦王国と麺文化

全国都道府県別の小麦の生産量は断然トップが北海道で、その収穫量は六二・九万トン（二〇二〇年度）で全国シェアの六六パーセントを誇っている。二位の福岡県の五・六万トンは足元にも及ばない。そのため、北海道から出荷された小麦は全国に行き渡り、パンや麺《めん》（うどんやラーメンなど）その他の材料となって消費されている。私は以前、北海道の小麦生産量のトップクラスにある江別《えべつ》市に行ったとき、市内にある江別製粉を訪ねたことがあった。その会社には、かねがね親交のある常務取締役佐久間良博《さくまよしひろ》さんがおり、北海道屈指の製粉工場を見せていただいたが、オートメーション化され清潔そのものの巨大製粉工場を見て、さすが小麦王国、その神髄を垣間見る《かいまみ》思いだった。そして、その製粉工場でつくられる「はるゆたか」でつくられた麺を佐久間さんにときどき送っていただいていたが、とてもしっかりとしたラーメンであり、うどんであった。やはり麦の栽培から製粉と製麺、そして加工まで一貫して行うことのできる北海道は、その地の利を生かしたうまいものができるのであろう。

札幌市内に西山《にしやま》製麺があるが、私はこの会社も見学させてもらい、その規模の大きさに驚いた。生ラーメン、冷凍ラーメン、うどん、焼きそば、スパゲッティ、中華皮類、餃子《ギョーザ》などを扱い、一日で生産する量が凄《すご》い。生ラーメン一八万食、乾燥ラーメン三〇〇〇食、冷凍ラーメン一万五〇〇〇食、焼きそば一万食、特殊麺（つけ麺、玉子麺など）一万食、中華皮類二〇枚入り六〇〇〇パック、冷凍餃子二万個、そして各種スープ二〇万食という。これは北海道だから可能な数字である。しかも量ばかりか、西山製麺のラーメンやうどん、餃子などを食べてみると、その全てが腰が強く、食感がすばらしく、道産小麦の品のよさが遺憾《いかん》なく発揮されていた。

話を戻そう。その江別市に行った帰り、スーパーマーケットをのぞいてみると、食品売り場の製麺コーナーに「はるゆたかの玉うどん」と書いた短冊が貼ってあった。丁寧にも「はるゆたか」の字だけが朱墨で書いてある。これは間違いなく御当地うどんだと思いじっくり見ると、太くてどっしりとした感じのうどんが茹でられて、玉状になってビニール袋に入っていた。見た感じやや淡黄色を帯び、テカテカとしていて、これはきっとグルテン含有量が多いうどんだな、と思った。さすれば弾力と粘性《ねんせい》があり、歯に応えて、いわゆる「腰が強い」うどんであろう。私は玉うどんが大好きで、すでにプロの手で茹で上げられているのだから重宝で、いつもこういうのを見つけたときは買って帰る。幸い江別駅から札幌駅までは距離だと二〇キロ、普通電車では二〇分少々しかかからない。その玉うどんを三玉買って自宅に戻った。その日の夕食は玉うどんのみで、それを肴《さかな》に晩酌《ばんしゃく》で楽しむ。独り住まいの特権だ。

ここで言っておくと、私は札幌の自宅にはたいがい一人で住んでいる。札幌と石狩の親船研究室を行ったり来たりなので（車で約三〇分）、食事などはどこでもできる。東京の渋谷の家には妻と医者をしている娘や中学生の孫娘たちがいて、札幌には夏休みや冬休みにしか来られない。妻は寒いところは苦手でめったに来ない。だから気楽な独り暮らしなのだ。

玉うどんを食べるときには二つの鍋を使うのが私流。そのときの江別玉うどんもそうだった。二つの鍋の一方の鍋で湯を沸かす。他方の鍋には鰹節《かつおぶし》と昆布のだしの利いたかけ汁を熱くしておく。沸騰している湯に玉うどんを入れて、さっともう一度熱湯にくぐらせ、万能笊《ざる》で掬《すく》い取り、湯をよく切ってから大きめの丼に入れる。その上から熱々のかけ汁をたっぷりとかぶせるのである。

上にのせる具と薬味も江別のスーパーで買ってきた油揚げとネギである。油揚げは、味付けなどせず、そのまま千切りにし、ネギはみじん切りしたもので、うどんの上に好みの量を撒き散らして、さらに七色唐辛子をパッパッパッと多めに振り込んで一丁上がり。食べ始めるとすぐに美味の境地に辿《たど》り着ける、格安の極楽食となるのである。

まず、温《ぬく》もっている丼を両手で支えるようにして持ち上げ、口先を尖《とが》らせてズーッと汁を啜《すす》った。すると、口の中にはだしの利いた奥行きのあるうま味が広がり、鼻孔からは食欲をそそる鰹節、醬油、ネギ、七色唐辛子などのさまざまな匂いがスーッと抜けてくる。

次に丼を置き、箸《はし》でざっとかき混ぜてから、うどんを数本持ち上げてツルツルと啜り込んだ。すると、うどんはとても滑りがよく、ピョロン、ピョロンといった感じで口の中に入ってくる。それを嚙むとさすが「はるゆたか」、腰があって歯にシコシコと応え、そこから、うどん特有の微かな甘みと、そのうどんを染めていた汁のうま味が口中に広がってくる。それをゴクリンコと吞《の》み込んで、また汁をズーッと啜るのである。その汁のうまいこと。そして表面に撒いた千切りの油揚げを数本まとめて箸で取り、それを食べた。すると、その油揚げは、たっぷりと汁を吸い込んで膨らんでいたので、嚙むととたんにそこからジュルジュルといった感じで、だしの利いた汁の味と油揚げからのペナペナとしたコクが湧き出してくる。それを七色唐辛子のピリカラが囃し立てるので絶妙だった。やっぱり北海道の小麦は底力がある。そのうどんを啜り、地酒の「北《きた》の錦《にしき》の純米大吟醸」をコピリンコする。うどんだけを肴に、この名酒をいただくのはいささか気が引けるが、やはりいい酒は懐が広い。ただ、しっかりと自分の個性である高い芳香とまろやかな味を主張してくれていた。

小麦といえば、北海道には行く先々においしいパン屋がある。デパートの中にも大型スーパーマーケットの中にもベーカリーがあり、一歩郊外に出たり観光地周辺に行っても、そこには手造りのパン屋を多く見かける。中には行列をつくる店も少なくないが、これは小麦の生産と深い関係があるからで、良質の小麦をいつでもすぐにでも調達できる有利さがあるからなのである。

これから北海道を旅される方は、楽しみのひとつに「小麦のおいしさ探し」を加えてみてはいかがだろうか。パン、ラーメン、うどん、焼きそば、餃子、カステラ、焼き菓子（ビスケットなど）、マカロニ、スパゲッティ、鉄板焼き（お好み焼きやもんじゃ焼きなど）など、小麦王国北海道にはたくさんある。歯応えや腰の強弱、甘みの比較などを、また「はるゆたか」や「春よ恋」、「はるきらり」、「キタノカオリ」、「ルルロッソ」、「ゆめちから」、「ホクシン」、「きたほなみ」、「みのりのちから」といった品種の違いを味わってみるのもよいだろう。パン屋さんに入って、「小麦の品種は何ですか？」なんて聞いてごらんなさい。パン屋さんは「これは隅に置けぬ客だからおいしいパンを味わってもらわなくては……」と思い、きっと焼きたてで、香りが高く、食感が快いパンを出してくれるに違いない。

白いご馳走、チーズの魅惑

酪農王国北海道の原点は、徳川幕府終焉《しゅうえん》の後、新政府の国策のひとつとして行われた北海道開拓使の手により切り開かれたことにある。明治四年（一八七一）に北海道開拓使次官の黒田清隆《くろだきよたか》がアメリカに洋行し、米国農務局長のホーレス・ケプロンを開拓使顧問に招聘《しょうへい》した。そのケプロンの息子から農業指導の命を受けたエドウィン・ダンが、数頭の牛や羊とともに来道し、北海道の酪農は本格的に始まった。ダンはそのまま札幌農学校（現在の北海道大学の前身）の教師になっている。その後、明治十九年（一八八六）に開拓使を廃止して北海道庁になると、以後は道庁を主体とする酪農推進事業が展開されていく。

北海道の酪農は、広大な土地を生かす必要から、昔から今日まで一貫して乳業主体の農業であった。そのため今日でも、全国都道府県別生乳《せいにゅう》（牛から搾《しぼ》ったままで、加熱殺菌などしていない乳）生産量は北海道が断然トップで四一五万四〇〇〇トン、全国シェアの五五・八パーセント（二〇二〇年）である。その生乳を使った加工品でも北海道は群を抜いている。たとえば国産バターの生産量は全国で七万一五二〇トンであるが、そのうち六万二四一〇トン、実に全国シェアの八七・三パーセントが北海道産である。つまり国内産バターのほとんどは北海道でつくられている。またチーズでは、北海道の生産量（二〇二〇年）は全国一位の二万四三六一トンで、全国シェアの一五・二パーセントである。海外からの輸入量が増えた分、生産量が少なくなってきてはいるが、依然として二位に大きく差をつけている。

さて私は発酵学を専門としてきたので、チーズにはちょいとうるさい。これまでずいぶんと海外のチーズを食してきた。トルコ、グルジア（ジョージア）、イタリア、フランス、ギリシャ、ルーマニア、イギリス、スイス、オランダ、ポルトガル、オーストラリアやニュージーランド、中国の内モンゴル自治区、カザフスタン、モンゴル等々でだ。印象深いものでは、イタリアのボローニャという古都に行ったときに食べた何種類かのチーズには、妖しげなほどに臭みのある匂いに魅せられて感動したし、スイスのフリブール州グリュイエールという村で味わった直径五〇センチ、重さ三五キログラムもある硬質のチーズには圧倒され、そのマイルドでコクのある味に陶酔したものである。

だが、私のチーズ食の履歴の中で一番美味で感動したのは、なんと日本の北海道中標津《なかしべつ》町俵橋《ちょうたわらばし》というところでつくられていた日本製のチーズであった。私はこのチーズが世界一うまいといつも思っている。あくまでも私の世界の中の話だから誰も文句は言えまい。

そのチーズに憧《あこが》れて、私はしばしば中標津に行った。雪の積もった釧路市街から釧路外環《そとかん》状《じょう》道路を車で東に抜けると、やがて国道二七二号線に入る。そこから約二時間、道路の左右に牧場が点々と連なる通称「ミルクロード」を走るとその先に目標の中標津町がある。中標津空港の近くだから新千歳《しんちとせ》空港から飛行機で行けばよいものだが、私は釧路という町がとても好きで、ここから車で行くのが最高の旅気分に浸れるから、いつもそうしているのである。こうしてお目当ての三友《みとも》牧場に到着すると、なんだかわが故郷の家に戻ったかのように心は弾む。

牧場を経営しているのは大親友の三友盛行《もりゆき》さんで、そこに六〇町歩（六〇ヘクタール）の広大な牧場を持っている。ところが三友さんは、その広い緑の牧場にたったの四〇頭の乳牛しか飼っていない。納得して管理しきれる範囲の頭数しか牛を飼わないのが三友流で、これでは酪農経営はできないのではないか、と最初に会ったときに私が聞いてみると、彼は平然として答えた。「十分に経営は成り立っている。牧場経営はやり方次第。女房と二人で毎日毎日、仕事をするのが嬉しくて、楽しくて仕方がない」と。

三友流では他の多くの牧場と違い、牛に穀物肥料をほとんど食べさせておらず、馥郁《ふくいく》たる緑の牧草だけである。その牧草地には、牛糞《ぎゅうふん》を二年もかけて発酵させた完熟堆肥《たいひ》を施している。牧草はその肥沃《ひよく》で力のある土に育《はぐく》まれてふさふさと育ち、それを牛たちが一日中ムシャムシャと食べて、体も心も理想的に出来上がっていく。ストレスなどの問題は全くない。そのためどの牛も肌の艶《つや》がよく、理想的な糞をし、また心も温順で、近くに行って牛を撫でても人を警戒することなど全くない。そして、どの乳牛もやさしい顔をしている。

とにかく三友流は、昔ながらの酪農心を失わず、そのままの自然体で実践しているのである。「牛は家族の一員。子供たちを育てるのと全く同じに愛情を注ぎ、自然と一体となって世話をしてやれば、おのずと牛も私たちのために力になってくれるのです」という彼の言葉に、スローフードの原点を見たような気がした。三友さんと奥さんの由美子《ゆみこ》さんはともに東京の浅草《あさくさ》生まれの浅草育ち。そんな都会育ちの二人は昭和四十三年（一九六八）秋、古い小型トラックの荷台に家財道具一式を積んでこの地に入植してきた。そして、政府払い下げの荒地の開墾から始めて、植林をし、牧草地を広げていくという、大変な努力を重ねた。その並大抵でなかった苦労の連続は、二人の夢と希望と熱意で吹き飛ばしたのである。その後、この三友流酪農経営法は、今では全国の酪農関係者に広く知られることになり、彼の著書『マイペース酪農』(農文協刊)は多くの人に影響と感銘を与えている。

さて、そのような幸福な飼い方をされた牛の乳の味はいかがかというと、これまた感動なのである。味が非常に丸くマイルドなその牛乳をゴクリ、ゴクリと飲み込むと、喉越《のどご》しの爽快《そうかい》さは格別で、とてもさっぱりとしている。だからまた飲みたくなる。私は三友牧場に行くと、まずこの美味感と爽快感を求めて、搾りたての牛乳を二リットルは胃袋に納めることから始めるのだ。このようなすばらしい牛乳を原料にチーズをつくるのは由美子さんの役割である。母屋《おもや》の近くに小さなチーズ工房があって、そこが由美子さんの仕事場だ。衛生観念に徹している彼女は、牛に近づいた人はその工房に入ることを厳禁にしているので、御主人の盛行さんでさえ入れてもらえない。彼女のチーズづくりは、本場のフランスに行って学んできたのが始まりで、その後もときどきフランスに出かけて勉強してくるほどの徹底ぶりなのである。

フランス仕込みの由美子さんのチーズは、季節によってつくる種類が違う。たとえば夏は彼女特製の「山のチーズ」、冬は「カチョカバロ」やソフトタイプの「グランド・マ・チーズ」で、「山のチーズ」は夏、青々とした牧草を食べた牛の乳からしかつくれないからと言い、また冬、干草を食べた牛の乳は、「カチョカバロ」や、小さくて柔らかいタイプのチーズに適しているからと言う。どんな牛乳でも乳酸菌で発酵させてしまえばチーズができる、といったチーズ製造家とは一線を画し、彼女のチーズ哲学の厳しさには感動させられるのである。

ささてさて、三友さん夫妻は私が訪ねていくと「遠方より友来《きた》る。亦《また》楽しからずや嬉しからずや」と大歓迎してくれ、いつもチーズを使った豪勢な料理をご馳走《ちそう》してくれる。私が三友牧場に行く楽しみは、夫婦相愛の鑑《かがみ》のような三友夫妻に会えること、二人から牛やチーズの話を聞くことだけれども、実は願ってもない食事をいただくことも大きな楽しみなのである。だから、テーブルの上の料理を見たときには、正直言って胸はいつものようにドキリンコ、ドキリンコと高鳴り、口中には涎が湧き出しあふれ出てしまう。その日は「ラクレット」というチーズ料理だった。

テーブルの中央にはホームプレートのような大きな「ラクレットグリル」が置かれ、そこに手のひらより小さなフライパンが幾つか付随している。そのフライパンにラクレットグリル上で温めておいたパンやジャガイモ、トマト、ブロッコリー、アスパラガス、カキ、ホタテ、シイタケ、ニンジンなどの好みのものをのせ、その上から夏につくった「山のチーズ」と冬の間につくった「カチョカバロ」をスライスしてのせ、それをグリルで温めてトロトロに溶かして食べるのである。私はカキが大好物なので、当日用意してくれたポッテリとした大粒の厚岸《あっけし》生ガキとトマトをそのフライパンにのせ、その上にチーズをのせて焼き上げて食べた。いやはやあまりの美味に驚いた。その熱々のを口にひょいと入れ、ハフハフしながら食べたのだが、焼けてキツネ色のチーズから発酵した乳酪香《にゅうらくこう》が出てきて、噛むとトロリ、ホクリとしてカキが潰れる。そこからクリーミーなカキのうま味が出てきて、それとチーズの濃いうま味とコク、そしてトマトの甘酢っぱく爽《さわ》やかな味などが混じり合い、絶妙なうまさが口中に広がったのである。

焼いて溶かしたチーズがこんなにカキやトマト、ジャガイモ、シイタケ、ホタテなどと合うのに驚き、どうして三友牧場のチーズはかようにうまいのかと聞くと、三友夫妻は声を同じくして「チーズは牛乳の質で決まるのです」と言った。なるほど、チーズの良し悪《あ》しを決める最大のものは牛乳の品質か。道理で、三友盛行さんの牛乳があれほどおいしかったのだから、それを使った由美子さんのチーズもこれほどおいしいのだ。つまり尊い酪農哲学を共有した、スローフード夫婦の「阿吽《あうん》の呼吸《いき》」のなせる業《わざ》だったのだ。

その由美子さんのつくる「山のチーズ」は、その後、日本航空国際線のファーストクラスでの食事にも供されるなど、プレミアチーズとして高く評価された。ところが三友牧場から平成二十七年(二〇一五)に三友夫妻が突然引退した。自分たちの酪農経営の考え方そして実践は、成功したのだから間違っていなかった。これを十分に世間に証明したのであるから、もういいではないか、という三友さんの人生哲学である。そして、実は引退する三年前から三友さんは、牧場の研修に来ていた若い道外出身者夫妻の吉塚恭次《よしづかきょうじ》さんと奥様の春菜《はるな》さんに、三友酪農哲学を教え込んでいたのだ。つまり、三年かけて後継者を育てていたのであった。

そして三友さんは今、かねてから「マイペース農業」を通して育ててきた多くの若い酪農家の農場を支援しようと日夜がんばっている。とにかく、このような人が本当にいるのだということを私は多くの人に知ってもらいたかったのである。

世界をめざす北国のワイン

世界地図で緯度を見てみるとよくわかるのだが、定規で北海道から西の方に向かって直線を伸ばすと、フランス、オーストリア、スイス、イタリアといった世界的著名なワイン生産地に突き当たる。つまりワインづくりの気候や風土が似ているのである。そのため近年、北海道には数多くのワイナリーが誕生し、すばらしいワインを醸造している。

北海道の地に最初にブドウの樹《き》が植えられたのは明治八年（一八七五）で、北海道開拓使から生食用ブドウの苗木が配布されたのが始まりという。その翌年には札幌に「開拓使葡萄《ぶどう》酒《しゅ》醸造所」が設立され、ワインづくりが始まった。そして今、北海道には大小二〇社を超すワイナリーが誕生して独自の個性を持ったワインを醸造している。

ところで何を隠そうこの私は、日本ソムリエ協会から「ソムリエ・ドヌール」（名誉ソムリエ）の称号をいただいている身。ワインのことも少々うるさい。北海道に住んでもう一〇年以上も経っているので、この間、北海道ワインをずいぶんと味わってきた。ここでは北海道のワイナリーについて、行ってみたり飲んでみたりしてきたことを思い出すままに記すことにする。ただし、全てのワイナリーを網羅することは叶《かな》わないので、その場合はワイナリーの場所と名称だけを紹介しておくこともあるがお許しいただきたい。北海道を旅する人は、これを参考にして、近くに行ったらぜひワイナリーを訪ねてみることである。

小樽《おたる》の朝里川《あさりがわ》に醸造所のある北海道ワイン、通称小樽ワインは、石狩湾を一望できる風光《ふうこう》明媚《めいび》なところにあるワイナリーである。浦臼町《うらうすちょう》にある広大な自社畑で収穫したブドウを原料にしている「おたるナイヤガラ」は、北海道を代表する生ブドウ品種を使ったやや甘口の白、「ミュラー・トゥルガワ」はスイス生まれの品種で、そのワインはフルーティな甘口。「ツヴァイゲルト・レーベ」はオーストリアからの苗木を育てて醸《かも》した軽めの赤。最近は数々の国際ワインコンテストでの受賞が多い。

「ふらのワイン」で知られる富良野《ふらの》市ぶどう果樹研究所は、富良野市清水山《しみずやま》にあるワイナリーである。小高い山の中腹にワイン工場があり、富良野産ブドウを一〇〇パーセント使用した地ワインをつくっている。代表銘柄の「ふらのワイン（赤）」は酸味と渋味がほどよく、爽やかで飲みやすいタイプ。「ふらのワイン（白）」は味の調和のとれた中口《ちゅうくち》。ミューラーはフルーティで口当りのよい中口。

株式会社はこだてわいんは函館《はこだて》エリアの七飯町《ななえちょう》にあり、昭和四十八年（一九七三）創業。「無添加セイベル」は余市《よいち》の農園で栽培されたセイベル種（フランス系品種）を使い、酸化防止剤無添加の赤ワイン、土野《ひじの》農園で収穫されたケルナー種（ドイツ系品種）のワイン「ケルナー」はやや甘口の白、「しばれわいん」は完熟したケルナーを収穫後すぐに冷凍、その凝縮した果汁から生まれる独特の甘さと酸味を持つ白ワインである。

池田町《いけだちょう》ブドウ・ブドウ酒研究所の十勝《とかち》ワインは昭和三十八年（一九六三）の創業。「十勝ワイン・トカップ」の赤は適度な酸味が、白はフルーティで軽快。「十勝ワイン・セイオロサム（白）」はドイツ系品種を原料につくられ、独特の味わいがある。池田町生まれの品種「清見《きよみ》」（のちの「清舞《きよまい》」）はライトな赤ですっきり。「シャトー十勝」は、快い熟成香を放つワインである。

余市ワインのワイナリーは余市町黒川町《くろかわちょう》にあり、「樽熟《たるじゅく》ツヴァイゲルトレーベ」はフレンチオーク樽で二年間熟成させた赤。酸味も味もまろやか。「ケルナーシュール・リー」は、酒に溜《た》まる澱《おり》を自然に沈降させ、清澄させた、味に幅のある白ワイン。

以上のほかに、自社農園でつくったシャルドネ種（フランス系品種）の爽やかな香りのワインで知られる「さっぽろ藤野《ふじの》ワイナリー」（札幌市南区藤野）、自社の農園のブドウや北海道産ブドウを使って個性豊かなワインをつくっている「八剣山《はっけんざん》ワイナリー」（札幌市南区砥《と》山《やま》）、日本一小さなワイナリーを自認し、仕込みから瓶詰めまで全て手づくりの自然派ワインをつくる「ばんけい峠のワイナリー」(札幌市中央区盤渓《ばんけい》)、美しい丘陵地帯にあり、丁寧に整備された自社畑でピノノワール(フランス系品種)を育てたりして、きれいな酸味のワインをつくっている「宝水《ほうすい》ワイナリー」(岩見沢《いわみざわ》市宝水町)、ケルナーやピノノワールから芳醇《ほうじゅん》で味の豊かなワインをつくっている「千歳《ちとせ》ワイナリー」(千歳市高台《たかだい》)、自家栽培の山ブドウ系の品種を中心にワインをつくる「マオイ自由の丘ワイナリー」(長沼町《ながぬまちょう》加賀団体《かがだんたい》)、有機栽培のブドウにこだわり、この地だけのワインづくりをしている「タキザワ・ワイナリー」(三笠《みかさ》市川内《かわない》)、ドイツ系品種にこだわり、完全無農薬でのオーガニックスパークリングワインを醸している「ニセコワイナリー」(ニセコ町近藤《こんどう》)、周囲は海という環境の下で自社農園で栽培のブドウはミネラル豊富、それでワインを仕込んでいる「奥尻《おくしり》ワイナリー」(奥尻町湯浜《ゆのはま》)、土壌や気候にこだわり抜いてつくる美しい味のワイン、赤の「ドルンフェルダー」は華やかな味わいの「月浦《つきうら》ワイン醸造所」(洞爺湖町《とうやこちょう》洞爺湖温泉)、シャルドネやメルロー(フランス系品種)、ケルナーなどを原料にオーガニックなワインづくりをしている「農楽蔵《のらくら》ワイナリー」(函館市元町《もとまち》)などがある。

太っ腹の豚丼

明治時代末頃から、十勝地方では盛んに養豚業が始まり、以後この地方に色濃い豚肉の食文化が構築されてきた。その十勝地方の中心地である帯広市は、今や北海道全域で食べられている「豚丼《ぶたどん》」の発祥地といわれる。十勝地方では昔から家庭料理として食卓に並び、一年を通して老若男女を問わず幅広い世代で食べられてきたものだが、今では豚丼の専門店ができたり、豚丼弁当になったりと著しく人気を高めて、十勝から道内全域に広まった。

豚丼は、豚肉食の歴史が深い北海道ならではの丼である。香ばしい香り、食欲をそそる琥珀色。飯の甘みと肉のうま味とタレのお囃しで、あっという間に丼は底をさらけ出す。

厚切りの豚肉を焼き、それに砂糖や醤油などで味付けした秘伝のタレを絡め、それを丼に盛った飯にのせたものである。昭和初期に帯広市内の食堂で、炭火焼きした豚肉に鰻丼《うなどん》のタレを使ってつくったのが始まりといわれている。なぜ鰻丼のタレかというと、農家の人たちや開拓に携わっている人たちの働く姿を見た食堂の主人が、スタミナ料理を提供したいと思ったからである。しかしウナギは高価で手に入らず、さすれば豚はいくらでも飼育されていることに気付き、「豚丼」が誕生したという。

一般的なつくり方（一人前）は、材料はロース肉（一五〇グラム）、長ネギ（四分の一本）、タレ（醤油大サジ二に味醂《みりん》大サジ半分と砂糖大サジ一）。長ネギは適当な長さに切り、表面に切り込みを入れたら中の芯《しん》を取る。表面を開いて繊維に沿って千切りにし、トッピング用の白髪《しらが》ネギをつくる。豚肉は厚めに切り分け、焼いたときに丸まらないように四ヶ所ほど筋切りをする。フライパンに油を引いて熱し、肉を並べて焼く。脂身《あぶらみ》の周りが透明になってきたらひっくり返して八割ほど焼き、フライパンから取り出す。肉を取り出したフライパンにタレを入れ、砂糖を溶かしながら煮詰める。ややとろみが出てきたら、肉を再度フライパンに戻し、ひっくり返しながらタレを絡めていく。肉に火が通って照りが出てきたら、丼に盛ったご飯の上に並べてのせ、フライパンに残った汁を回しかけする。その上にネギをのせて出来上がり。

さて、私がこの豚丼を初めて食べたのは三〇年も前の帯広市のことであったが、そのときあまりのおいしさに驚き、たちまち豚丼ファンになってしまった。店の名は「元祖豚丼のぱんちょう」。昭和八年（一九三三）の創業、豚丼ファンには垂涎《すいぜん》の的の店で、帯広のみならず道内、いや全国的にも知られた老舗《しにせ》である。実は私は最初、豚丼なのだから牛丼のように具とともに煮込んだ豚肉が飯の上にぶっかけられているのだろうと思っていたが、その豚丼を前にしてびっくり仰天、蛙《かえる》も仰向《あおむ》け。全く想像とは違っていて、丼飯の上に深い琥珀色《こはくいろ》でテカテカと光り輝く豚肉が眩《まぶ》しく何枚ものっていた。

そして、その感動の心のままにまず豚肉を一枚、口に入れてガブリと噛んだ。するとその瞬間、タレに付けられて火に焙《あぶ》られた豚のロースからの軽い燻《いぶ》り香《が》とやさしい焦げ香がほんのりと鼻孔から抜けてきて、甘ったるい焼き香もそよ風のように漂ってくる。そして口の中では、肉が歯に応えてシコリ、シコリとし、脂の部分はブョヨ、ブョヨとし、そこから奥の深いうま汁とタレの甘じょっぱみ、そして脂からのペナペナとしたコクがジュルリと出てくるのであった。

次に、飯と一緒に豚肉を口に入れてムシャムシャ嚙むと、肉はシコリ、シコリとし、飯はホコリ、ホコリとし、今度は焼いたロース肉のうま味に耽美《たんび》でやさしい飯の甘みが重なって、悶絶《もんぜつ》ものの美味のエクスタシーに達してしまった。とにかく初めての豚丼はうまかった。それからというもの、帯広市に行くたびにこの店の前に並んで豚丼で陶酔し、帰りは特製の豚丼弁当を土産に札幌へと戻る。

この豚丼、今や十勝地方だけでなく北海道のあちこちで食べることができる。新千歳空港内にも専門店があり、札幌、旭川、釧路などの駅周辺や街中にもある。どの店も味と食感、匂いなど独自の個性で競い合い、豚丼は進化しているのである。

「ラーメン王国」北海道

北海道では「札幌」、「函館」、「旭川」のラーメンのことを「北海道三大ラーメン」という。しかしこればかりでなく、釧路、帯広、富良野、稚内《わっかない》、上川《かみかわ》、江別、岩見沢等々、道内各地には人気ラーメン店が数多くあり、まさに「ラーメン王国」北海道といった様相なのである。

そんな北海道ラーメンでほぼ共通しているのは、スープの取り方と使う麺である。まずスープは基本的には豚骨の白濁が多い。白濁の豚骨というと博多《はかた》ラーメンなど九州に多いスープと思われがちだけれど、北海道も昔から豚骨でだしを取る店は多い。豚骨スープというイメージが薄いのは、博多のように豚骨一本槍《いっぽんやり》のラーメンではなく、北海道は醤油、味噌、塩ダレを使っていて、豚骨ラーメンという強い認識がなされなかったからである。そして、ラーメン店のほとんどでこの三種類の味でのラーメンを用意しているのが北海道の特徴だ。北海道は全国に先駆けて豚の飼育が昔から盛んなところで、その伝統のひとつがここにも見られる。たいがいはこの豚骨を中心に、そこに店によって鰹節や煮干、昆布、鶏《とり》ガラ、野菜などを加え、秘伝のタレと称して使っているのである。

麺については、北海道では自家製麺はそう多くはなく、ほとんどは製麺所でつくられたものを使用している。ラーメン店に入るとき、暖簾《のれん》に「○○製麺所寄贈」と書かれているのを見ることがよくあるが、これは麺をつくった製麺所が新規開業する店に暖簾を贈る慣習があるからである。麺の太さや硬さなどは、ラーメン店が製麺所に指定してつくってもらっている。

札幌ラーメンといえば「味噌ラーメン」というのが常識化しているが、札幌ラーメンの歴史を辿ると味噌ラーメンは昔からあったわけではない。本来は醬油ラーメンと塩ラーメンであった。札幌のラーメン店に入って気が付いたのだけれど、北海道では醬油と書かずに正油と書くことが多い。そして味噌ラーメンは、「味の三平《さんぺい》」という店が昭和三十年（一九五五）、客の要望に応えて創り出したのが始まりだということである。折しもその後に即席麺の味噌ラーメンが登場し、テレビコマーシャルで「札幌味噌ラーメン」を毎日のように流したものだから、全国的に「味噌ラーメン＝札幌ラーメン」という図式が広まったのである。またこのときに「味の三平」が使っていた麺がやや硬めで太めの熟成縮《ちぢ》れ麺だったため、札幌ラーメンの麺は太縮れ麺、というイメージができたようだ。

さらに、札幌ラーメンにはバターやコーンが入っているイメージを持っている人も少なくないが、観光地のラーメン以外に最初からこのようなものが入っていることはほとんどない。店は客の要望に応じて、バターやコーンをトッピングのために用意しているだけの話に過ぎないのだ。

函館ラーメンは基本的に塩ラーメンである。函館以外の地域では注文するとき、醬油とか味噌とか塩をラーメンの前に付けなければ店側は客の注文がわからないが、函館では単に「ラーメン」と言えば塩ラーメンを指すほどに塩が定着している。

旭川ラーメンは一五年ほど前から首都圏を中心に全国に知れ渡ったラーメンである。札幌の味噌、函館の塩、そして旭川の醬油が主流で、「山頭火《さんとうか》」をはじめとして多くの旭川ラーメンが首都圏に出店し、その深い味わいにラーメン好きはこのラーメンを意識するようになっていった。旭川ラーメンの特徴のひとつにラードが挙げられる。旭川の冬は大層寒いので、熱々のラードを麺の上に広げてスープが冷めにくくしたとの説もあるが、むしろスープよりも食べる人の体を燃焼させるためなのかもしれない。

札幌の高加水《こうかすい》（水分を多く含んだ麺）に対して、旭川は低加水（水分が少なめの麺）の麺で、スープをよく吸うのが特徴である。また首都圏には「ダブルスープ」という言葉があるが、これはもともと旭川が発祥である。ダブルスープとは、動物系と魚介系のスープのブレンドのことで、旭川では五〇年も前から行われていた手法である。実は私はこのダブルスープを旭川市で体験し、そのおいしさに感激したことがあった。三〇年も前の話であるが、旭川駅から近い繁華街に「赤門《あかもん》ラーメン」という名店があった。そこのラーメンがうまいと評判だったので、同市永山にある男山《おとこやま》酒造の常務取締役山崎志良《やまざきしろう》さんに連れていってもらったことがある。男山は北海道屈指の名門酒蔵で、山崎さんは私のとても親しい友人であり、食通でもあった。その店で私はラーメンを啜り、そのおいしさに唸《うな》ったのである。

それはスープの凄さであった。奥のあるうま味の中に、まろやかな甘みと深いコクがあって、切れ味も鋭い。いったいこんなおいしい味はどうして出せるのかなあ、と山崎さんに聞いてみると、彼はすでにその店の味の秘伝を知っていて、「二重だしなんだよ」と教えてくれた。「つまり、豚骨でだしを取ってから、そこにアジ（鰺）の開きの干物から取っただしを煮詰めてそれを加える。まあ動物系のうま味と魚系のうま味をミックスしたので二重だしというんだよ」と解説してくれたのである。その伝説の赤門ラーメンは残念にもその後閉店している。

北海道にはこのほか、「細縮れ麺に鰹節主体のあっさり醤油スープ」の釧路ラーメンがある。カツオだしのほかに昆布、鶏ガラ、野菜、豚骨なども使い、それであっさり味を出す釧路の妙技は驚きだ。そのため北海道では最近、札幌・函館・旭川の「北海道三大ラーメン」に釧路を加えて「北海道四大ラーメン」という人もいる。ほかに帯広ラーメン、富良野ラーメン、稚内ラーメン、上川ラーメン、江別ラーメン、石狩ラーメン、岩見沢ラーメン、網走ラーメン、室蘭《むろらん》ラーメン、北見《きたみ》ラーメン、滝川ラーメン、小樽ラーメン、根室ラーメンなどの御当地ラーメンもよく知られているラーメン繁盛地である。

最近私がよく通っているのが恵庭《えにわ》市の「おとん食堂」という名のラーメン店である。「おとん」とは「おとうちゃん」のこと。新千歳空港から札幌の家に行く途中にその店があるので、だいたい月に一回は行っている。昔風の醤油ラーメンで、そのスープのあっさりした味とのっている焼豚、鳴門《なると》などに郷愁を感じる。一度食べたらまた食べたいという、癖になってしまうほどおいしいラーメンである。

何と言っても炉端焼き

炉端《ろばた》焼きは、田舎風の内装の、店主あるいは店員が魚介類や野菜を炭火で焼いた料理を提供してくれる居酒屋である。発祥は仙台で、昭和二十五年（一九五〇）に天賞《てんしょう》酒造（当時の町名としては市内の八幡町《はちまんまち》）の三男天江富弥《あまえとみや》さん（郷土史家）が、仙台市の繁華街（国分町《こくぶんちょう》）に開いた「炉ばた」が最初である。実は昭和四十五年（一九七〇）頃から、私（当時二十八歳ぐらい）はこの店によく行った。仙台にある東北大学で日本農芸化学会や微生物学会、生物化学会などの学術集会があるたび、必ずといってよいほど「炉ばた」に行って名酒「天賞」を飲み、焼いた豆腐や厚揚げ、キノコ、野菜などを食べていた。

今でもよく覚えているが、大きな農家に囲炉裏《いろり》が切ってあるような店の構えで、その囲炉裏端に天江富弥さんが陣取り、炭火で魚介類や野菜を焼き、焼き上がったものを「掘返篦《ほりかえしべら》」という木製の長い杓文字《しゃもじ》のようなものにのせ、離れた客に渡していた。鳴子《なるこ》のこけしも店内の棚にいっぱい飾ってあった。

その仙台の「炉ばた」で修業していた人のうちの一人が、昭和二十八年（一九五三）に釧路に同じ「炉ばた」の名で炉端焼きの店を開いた。仙台の「炉ばた」は豆腐や野菜が中心であったが、釧路の「炉ばた」は釧路港で揚がった魚介類を焼いて出すようになった。その釧路での炉端焼きのメニューを踏襲した形で、日本各地に炉端焼きの店が広がったとされている。

そのような歴史があるため、釧路は炉端焼き発祥の地を自認し、市内中心部の末広町《すえひろちょう》周辺に炉端焼きの店が多く出店し、市内全体で一五〇軒以上あるといわれている。市内栄町《さかえまち》には最初の「炉ばた」が今も繁盛している。店の雰囲気は、私が仙台の「炉ばた」で食べていたときとほとんど同じで、昭和のレトロなムードがいっぱい再現されている。老舗の雰囲気を漂わせ、入口の戸を開けて中に入ると、とたんにホッケやシシャモ、ホタテ、サンマなどを炭火で焼く匂いが鼻孔から抜けてきて、思わず生唾《なまつば》ゴクリである。

そしてまず目に飛び込んでくるのが、カウンター席に密着して掘られている大きな囲炉裏。炭火が赤々と熾《おこ》っているその囲炉裏を囲んで客はコの字型に並んだ座席に座って焼きたてをいただく。店内のあちこちに下がるランプ、焼き煙にほんのりと漂う行灯《あんどん》の照明など何もかもセピア色である。

その囲炉裏のところに、炭火を長く守ってきた高齢の女性が座っている。炭の仕入れから灰出し、炭ならし、火の具合いの調節、魚介の焼き方までもう二〇年も任されてきて、全て心得ている人だという。焼き名人で、言ってみれば焼き職人の人間国宝だ。

私はあるとき、その店でどんな焼きメニューがあるのかをノートに書いてきたことがある。するとさすがに日本トップクラスの水揚げ高を誇る釧路港の膝元《ひざもと》だ。マホッケ、キタホッケ

（シマホッケ）、ツボダイ、宗八《そうはち》カレイ、柳ガレイ、ニシン、コマイ、サケ、塩サバ、殻付き焼きガキ、キンキ（メンメ、キチジ）、シシャモ、ホタテ、イカ一夜干しなどまだまだあり、ほかに焼きナス、ポテト、ピーマン、アスパラガス、シイタケなどの野菜類や鶏、豚、牛の串焼きなどと、とにかく多彩であった。

私は釧路の友人たちとよくこの店に行く。まず注文するのが大好物の大きな身の焼きガキである。殻に入ったまま炭火で焼かれて、表面から水分が飛んだがまだレアの状態で殻にへばり付いている身を剝《は》がし取り、その熱々をハフハフしながら食べる。噛むと身は歯に潰されて、そこからドロリ、トロリと濃厚なうま味とクリーミーな妙味が流れ出して、鼻孔からは潮の香りが抜けてくる。大きさといい、うま味といい、おそらく釧路から近い厚岸湾のカキだろう。次に頼むのがマホッケ半身である。この店では客の要望に応じ半分に切って焼いてくれるのもありがたい。身と皮の間に、ブヨブヨとした脂がじっとりと層をつくっていて、それを身とともに箸でむしり取って食べると、ホッケの身のさっぱりとしたうま味に脂からのペナペナとしたコクが口の中で融合し、それをちょうどいい塩梅《あんばい》に振った塩味が仲を取り持ち、絶妙なのである。

あとは塩サバを食べる。実は釧路の天然サバは実に脂がのって丸々と肥えた極上のもので、昨今憧れの的である宮城県石巻《いしのまき》の金華《きんか》サバに引けをとらない、と私は思っている。その切り身にほどよい塩をして、こんがりと焼いてもらい、熱々でまだ焦げ皮あたりがピッピッと鳴いているものに箸を入れると、そこからほのかにふわりと湯気が起《た》つ。それをむしり取って食べるのだ。

もちろん、炉端焼きでの酒は燗酒《かんざけ》が常識。炉端の炭で焼いた熱々の焼きものを食べるとき、冷酒は合わない。この釧路の「炉ばた」で飲ませてくれる酒は地酒の「福司《ふくつかさ》」。摩周《ましゅう》湖《こ》からの伏流水で仕込み、相変わらずの手造り感覚で酒を醸していて、地元釧路だけでなく、北海道の人なら誰もが知っている名酒である。私が大学で教鞭《きょうべん》を執《と》っていたとき、私の研究室で論文を書いていた教え子の梁瀬《やなせ》一真《かずま》君の生家の蔵元だ。この店ではその名酒に燗を付けるのも、囲炉裏の炭火で行う。囲炉裏端の灰の上に陶製の大きな酒壺《さかつぼ》が据えてあり、そこで酒を絶えず温めているのである。

そのようなことで、炉端焼きが大好きな私は「炉端焼き王国」北海道の首都・札幌にも実に多くの炉端焼き店があるのでよく行く。とにかく北海道は、この炉端焼きにしても、ジンギスカンにしても、バーベキューにしても焼く食文化がとても発展してきたところである。火を囲んでみんなで賑《にぎ》やかにワイワイとやる。それは、北海道の気候が生んだ豊穣な実りと、豊饒な海の幸、そして広々とした北の大地から生まれた開放感の現われとも思える。そこには、厳しくも豊かな環境に育った、大らかな人たちの生き方や人生観が反映しているのだろう。

あとがき

日本の最北端に位置し、本州に次ぐ第二の大島である本島、そこに奥尻島、利尻島、礼文島などの大小属島が加わって成る北海道は、日本国全面積の五分の一を占める一大自治体である。

その北海道は、春は遅く、夏は短く、秋は深く、冬はとりわけ長い。その上、開墾を余儀なくされたり、火山灰地であったりという農地ばかりであった。だが、不利なことばかりに見えるこれらの条件にもかかわらず、北の大地の人々は逆に、この地でしかできない暮らし方を、農業や食生活の中から編み出してきたのである。

厳しい自然と対峙《たいじ》しながら拓《ひら》いていった広大な大地には、今では穀物、野菜、根茎、果実などがたわわに実り、牛や馬、羊、豚が牧畜されている。一方、周りを取り囲むオホーツク海、日本海、太平洋という三つの壮大な海域には、おびただしい種類の魚介類や海藻類が生息し、繁茂している。それらを人々は収穫し漁獲して、この地方の気候と風土に合わせた食べ方で料理し、生活に彩りを添えてきた。

私はこのような地域特性と食の来歴を持った北海道と、かれこれ三〇年も付き合ってきたのだけれど、その体験の中で、一年中季節に合わせて確実に巡り回ってくるのが北海道の食材であり、料理であることに気付いた。言い換えれば四季それぞれに異なる食材（たとえば旬のもの）や料理がこれだけはっきりと区別できるのは、北海道しかないと思ったのである。

そこで本書では、自らの足と舌を使って食の王国北海道を行脚《あんぎゃ》してきた体験を、春夏秋冬の四季ごとに分け、旬の食べものやその食べ方などを季節感を交えて述べる形をとった。そこには知恵あり、発想あり、美味あり、妙味あり、快味あり、滋味あり、そして出会いの感動ありの連続であった。

北海道に住んでいる人が、いかにすばらしい食環境の下で自分たちが生活しているかを、本書から感得してもらえたらとても嬉しい。また、これから北海道を旅する人の参考となり、その楽しみに役立てば、本書の役割は果たせたものと思う。

本書の出版に際してお世話いただいた中央公論新社の並木光晴氏、写真の一部をご提供いただいた桧山景子氏に深甚なる感謝の意を表する。

二〇二一年十二月三日

小泉武夫

小泉武夫（こいずみ・たけお）

1943年（昭和18年），福島県の酒造家に生まれる．東京農業大学農学部醸造学科卒業．農学博士．東京農業大学名誉教授．現在，福島大学，石川県立大学，島根県立大学，別府大学，鹿児島大学の客員教授を務める．専門は醸造学，発酵学，食文化論．

著書『酒の話』（講談社現代新書）
『灰と日本人』（中公文庫）
『奇食珍食』（中公文庫）
『食と日本人の知恵』（岩波現代文庫）
『発酵』（中公新書）
『日本酒の世界』（講談社学術文庫）
『酒肴奇譚』（中公文庫）
『粗談義』（中公文庫）
『発酵食品礼讃』（文春新書）
『発酵は錬金術である』（新潮選書）
『いのちをはぐくむ農と食』（岩波ジュニア新書）
『小泉武夫食のベストエッセイ集』（IDP 出版）
『醤油・味噌・酢はすごい』（中公新書）
『最終結論「発酵食品」の奇跡』（文藝春秋）
ほか

北海道《ほっかいどう》を味《あじ》わう
中公新書 *2690*

2022年 3 月25日発行

著　者　小泉武夫
発行者　松田陽三

本文印刷　三晃印刷
カバー印刷　大熊整美堂
製　　本　小泉製本

発行所　中央公論新社
〒100-8152
東京都千代田区大手町 1-7-1
電話　販売 03-5299-1730
　　　編集 03-5299-1830
URL https://www.chuko.co.jp/

Published by CHUOKORON-SHINSHA, INC.
Printed in Japan　ISBN978-4-12-102690-3 C1295

中公新書刊行のことば

いまからちょうど五世紀まえ、グーテンベルクが近代印刷術を発明したとき、書物の大量生産は潜在的可能性を獲得し、いまからちょうど一世紀まえ、世界のおもな文明国で義務教育制度が採用されたとき、書物の大量需要の潜在性が形成された。この二つの潜在性がはげしく現実化したのが現代である。

いまや、書物によって視野を拡大し、変りゆく世界に豊かに対応しようとする強い要求を私たちは抑えることができない。この要求にこたえる義務を、今日の書物は背負っている。だが、その義務は、たんに専門的知識の通俗化をはかることによって果たされるものでもなく、通俗的好奇心にうったえて、いたずらに発行部数の巨大さを誇ることによって果たされるものでもない。現代を真摯に生きようとする読者に、真に知るに価いする知識だけを選びだして提供すること、これが中公新書の最大の目標である。

私たちは、知識として錯覚しているものによってしばしば動かされ、裏切られる。私たちは、作為によってあたえられた知識のうえに生きることがあまりに多く、ゆるぎない事実を通して思索することがあまりにすくない。中公新書が、その一貫した特色として自らに課すものは、この事実のみの持つ無条件の説得力を発揮させることである。現代にあらたな意味を投げかけるべく待機している過去の歴史的事実もまた、中公新書によって数多く発掘されるであろう。

中公新書は、現代を自らの眼で見つめようとする、逞しい知的な読者の活力となることを欲している。

一九六二年一一月

中公新書

現代史

2590 人類と病　詫摩佳代
2664 歴史修正主義　武井彩佳
2451 トラクターの世界史　藤原辰史
2666 ドイツ・ナショナリズム　今野　元
2368 第一次世界大戦史　飯倉　章
2681 リヒトホーフェン―撃墜王とその一族　森　貴史
27 ワイマル共和国　林　健太郎
478 アドルフ・ヒトラー　村瀬興雄
2553 ヒトラーの時代　池内　紀
2272 ヒトラー演説　高田博行
1943 ホロコースト　芝　健介
2349 ヒトラーに抵抗した人々　對馬達雄
2610 ヒトラーの脱走兵　對馬達雄
2448 闘う文豪とナチス・ドイツ　池内　紀
2329 ナチスの戦争 1918-1949　R・ベッセル　大山　晶訳

2313 ニュルンベルク裁判　A・ヴァインケ　板橋拓己訳
2266 アデナウアー　板橋拓己
2615 物語 東ドイツの歴史　河合信晴
2274 スターリン　横手慎二
530 チャーチル（増補版）　河合秀和
2643 イギリス1960年代　小関　隆
2578 エリザベス女王　君塚直隆
1415 フランス現代史　渡邊啓貴
2356 イタリア現代史　伊藤　武
2221 バチカン近現代史　松本佐保
2415 トルコ現代史　今井宏平
2670 サウジアラビア―「イスラーム世界の盟主」の正体　高尾賢一郎
2538 アジア近現代史　岩崎育夫
2586 東アジアの論理　岡本隆司
2437 中国ナショナリズム　小野寺史郎
2600 孫基禎《ソン・ギジョン》―帝国日本の朝鮮人メダリスト　金　誠
2034 感染症の中国史　飯島　渉

1959 韓国現代史　木村　幹
2262 先進国・韓国の憂鬱　大西　裕
2602 韓国社会の現在　春木育美
2682 韓国愛憎　木村　幹
1876 インドネシア　水本達也
2596 インドネシア大虐殺　倉沢愛子
1596 ベトナム戦争　松岡　完
2330 チェ・ゲバラ　伊高浩昭
1664 1665 アメリカの20世紀（上下）　有賀夏紀
2626 フランクリン・ローズヴェルト　佐藤千登勢
1920 ケネディ―「神話」と実像　土田　宏
2527 大統領とハリウッド　村田晃嗣
2479 スポーツ国家アメリカ　鈴木　透
2540 食の実験場アメリカ　鈴木　透
2504 アメリカとヨーロッパ　渡邊啓貴
2163 人種とスポーツ　川島浩平

中公新書

自然・生物

s 1

2305	生物多様性	本川達雄
2414	入門！進化生物学	小原嘉明
2433	すごい進化	鈴木紀之
1972	心の脳科学	坂井克之
1647	言語の脳科学	酒井邦嘉
2656	本能―遺伝子に刻まれた驚異の知恵	小原嘉明
1709	親指はなぜ太いのか	島　泰三
1087	ゾウの時間　ネズミの時間	本川達雄
2419	ウニはすごい　バッタもすごい	本川達雄
2677	エビはすごい　カニもすごい	矢野　勲
877	カラスはどれほど賢いか	唐沢孝一
2485	カラー版　目からウロコの自然観察	唐沢孝一
1860	昆虫―驚異の微小脳	水波　誠
2539	カラー版　虫や鳥が見ている世界―紫外線写真が明かす生存戦略	浅間　茂
2259	カラー版　スキマの植物図鑑	塚谷裕一
1706	ふしぎの植物学	田中　修
1890	雑草のはなし	田中　修
2174	植物はすごい	田中　修
2328	植物はすごい　七不思議篇	田中　修
2491	植物のひみつ	田中　修
2644	植物のいのち	田中　修
2589	新種の発見	岡西政典
2572	日本の品種はすごい	竹下大学
1769	苔の話	秋山弘之
939	発酵	小泉武夫
2408	醤油・味噌・酢はすごい	小泉武夫
348	水と緑と土（改版）	富山和子
2120	気候変動とエネルギー問題	深井　有
2672	南極の氷に何が起きているか	杉山　慎
1922	地震の日本史（増補版）	寒川　旭

地域・文化・紀行

地域・文化・紀行

t2

560 文化人類学入門（増補改訂版） 祖父江孝男
2315 南方熊楠《みなかたくまぐす》 唐澤太輔
2367 食の人類史 佐藤洋一郎
92 肉食の思想 鯖田豊之
2129 カラー版 地図と愉しむ東京歴史散歩 竹内正浩
2170 カラー版 地図と愉しむ東京歴史散歩 都心の謎篇 竹内正浩
2227 カラー版 地図と愉しむ東京歴史散歩 地形篇 竹内正浩
2346 カラー版 地図と愉しむ東京歴史散歩 お屋敷のすべて篇 竹内正浩
2403 カラー版 地図と愉しむ東京歴史散歩 地下の秘密篇 竹内正浩
2327 カラー版 イースター島を行く 野村哲也
2092 カラー版 パタゴニアを行く 野村哲也
1869 カラー版 将棋駒の世界 増山雅人
2117 物語 食の文化 北岡正三郎
596 茶の世界史（改版） 角山 栄
1930 ジャガイモの世界史 伊藤章治
2088 チョコレートの世界史 武田尚子
2438 ミルクと日本人 武田尚子
2361 トウガラシの世界史 山本紀夫
2229 真珠の世界史 山田篤美
1095 コーヒーが廻り世界史が廻る 臼井隆一郎
1974 毒と薬の世界史 船山信次
2391 競馬の世界史 本村凌二
650 風景学入門 中村良夫
2344 水中考古学 井上たかひこ